DIÁRIO DE UMA

vegana

Alana Rox

DIÁRIO DE UMA
vegana

GLOBOestilo

Sumário

Lista de receitas

Meu diário,
minha história

Sou vegana por mim e por você desde antes de saber que isso tinha nome.

Nasci vegetariana. Não sei dizer por que nasci assim, mas sei dizer por que continuo uma até hoje e por que fui muito além. Minha família não era vegetariana, mas eu instintivamente nunca aceitei qualquer alimento animal desde neném. Filha de uma gaúcha e um carioca, nasci e fui criada em Joinville (SC) e me tornei vegana anos depois. Meus pais, por falta de informação, tentavam me forçar a comer animais, mas eu, escorpiana teimosa, resistia bravamente. A hora do almoço não era nenhuma diversão, muito menos prazerosa.

Tornei-me vegana por saúde, confesso. Não sabia o que acontecia para que o queijo chegasse ao meu prato. Não sabia que 18 mil litros de água eram usados no processo total para a produção de 1 quilo de manteiga. Eu desconhecia o horror causado pela indústria aos animais. Eu tinha apenas a referência dos animais do sítio da minha avó. Quando descobri, foi um choque. E foi isso que me manteve vegana.

Antes, por falta de conhecimento, eu me alimentava de maneira errada achando que fazia o certo. Comia muitos queijos, massas, pães, amidos. Eram queijos magros, pães integrais, pouco açúcar aparente... Eu estava sempre abrindo pacotinhos nos quais estava impresso "natural". Eu não lia os rótulos... Esse é um erro muito comum entre vegetarianos — e não vegetarianos também.

Fora de casa, era apenas isso que eu encontrava disponível. Se hoje opções vegetarianas ainda não são tão comuns, imagine anos atrás! Por me alimentar quase que exclusivamente de inflamatórios, minha imunidade estava sempre baixa, e eu tinha muitos problemas de saúde: frequentemente estava gripada, tinha amigdalites, faringites, esofagites, sinusites, dermatites e muita en-

xaqueca. Mas eu pensava: "minha mãe também tem esses problemas. Os olhos azuis não herdei, mas a enxaqueca...".

E sofri de algo muito pior do que esses problemas físicos todos juntos: tive transtorno de ansiedade e síndrome do pânico por dez anos. Isso é pior que dor física! Só quem tem sabe o aprisionamento que é. Você não vive, apenas sobrevive.

No auge do transtorno de ansiedade, aos 16 anos, tive problemas cardíacos como arritmias e muita ardência no peito. Fui a um cardiologista — um dos tantos médicos que procurei buscando ajuda. Ele não me deu esperanças, não me ofereceu soluções. E nunca perguntou o que eu comia. Médico nenhum perguntava o que eu comia.

Quando minha mãe tinha 42 anos de idade sofreu três AVCs isquêmicos graves com muitas sequelas. Pensei: vou pelo mesmo caminho, só que mais cedo e pior. Ela cresceu comendo frutas das árvores em um sítio no interior do Rio Grande do Sul onde as vacas ficavam soltas junto com as galinhas no pasto. Eu cresci abrindo pacotinhos na cidade. As frutas das árvores eu só comia nas férias. E hoje elas fazem parte das minhas lembranças de infância feliz.

Nosso neurologista na época me aconselhou a fazer exames regularmente a partir dos 25 anos. Eu não quis esperar, quis mudar logo meu histórico genético. Um dia, ele me perguntou se eu relacionava as crises de enxaqueca a algo que eu comia. Foi aí que despertou em mim uma luz. Finalmente!

Todas as vezes que eu tinha enxaqueca, tinha também crises de pânico. Nunca consegui identificar algum alimento específico como gatilho das crises. Contudo, por vontade de viver e não apenas sobreviver, iniciei minha busca por conhecimento. Queria mudar meu destino genético. Não sabia se era possível, mas sabia que alguma coisa eu tinha de fazer. Queria me libertar do aprisionamento dos males do meu corpo. Mas, veja bem, eu não era visivelmente doente. Sempre fui alta — tenho 1,75 metro —, forte, ótima esportista, boa aluna, nunca tive cáries nem espinhas.

O despertar

Na minha busca por informação assisti a documentários e vídeos, li artigos e tudo que encontrava. Não podia mais continuar a ser cúmplice de uma indústria de sofrimento e dor. Comecei a estudar sozinha, às vezes com a orientação de médicos amigos, e a buscar artigos científicos sobre fisiologia humana, química natural dos alimentos, relação dos alimentos com reações bioquímicas fisiológicas. Nem sempre eram literaturas disponíveis, fiz muitos pedidos de arquivos científicos a universidades estrangeiras e distantes. Quanto mais eu buscava e aprendia, mais surgiam questionamentos, e eu sabia que tinha ainda muito para desvendar. E ainda tenho.

Descobri algo muito mais importante e determinante para a saúde que a herança genética: os hábitos errados adquiridos de uma família e de uma sociedade. São seus hábitos alimentares e de vida que determinarão se você ativará o gatilho da doença herdada. E, segundo os geneticistas, você pode começar a modificar seu código genético e influenciar suas gerações futuras. Mas deve começar hoje a fazer diferente. Atualmente, 70% das doenças modernas são originadas pelos hábitos de vida! As pessoas não estão adoecendo. Estão se envenenando.

Muitas correntes de nutrição pelo mundo afirmam que a dieta vegana é a mais indicada se você quer viver mais e melhor, ser jovem por mais tempo e ter saúde. Então, mudei meu destino e me reinventei sozinha. Fui até a natureza, porque ela dispensa rótulos e marketing. Fui para dentro de meu organismo, de livros e de ciências. Convergi informações de diferentes ciências para reunir conhecimentos que deveriam ser ensinados na escola primária, mas que muitas vezes nem quem tem um diploma de pós-graduação conhece. Incomoda-me profundamente ver pessoas doentes ou infelizes por falta de informação. Somos todos reféns de uma indústria, vítimas do marketing de valores distorcidos.

A transformação

Tornar-me vegana foi um divisor de águas na minha vida. Não apenas me livrei de todo e qualquer mal físico, como me tornei imune. Na época fui me libertando e eliminando tudo que pudesse inflamar meu organismo. Eliminei alimentos industrializados, açúcar refinado, derivados de leite, glúten e ovos. Comecei a me alimentar apenas do que viesse diretamente da terra e fora de pacotes prontos.

Parei com leite e queijo e, em duas semanas, eu já era outra: a rinite sumiu, as inflamações de garganta desapareceram, o refluxo cessou. Suprimi todo o restante e comecei a direcionar minha dieta para os alimentos certos nos horários indicados.

Então, descobri que podemos ter muito mais do que saúde; podemos ir além e ter uma saúde exuberante. Meu cabelo e minhas unhas começaram a crescer muito rapidamente e ficaram mais fortes. Minha pele ficou mais vistosa e bonita. Meu cérebro começou a funcionar como uma máquina, meu raciocínio ficou mais rápido e claro, minha memória melhorou, meus sentidos ficaram mais aguçados. Tornei-me calma, serena e feliz. Era meu organismo desinflamando e começando a funcionar como nasceu para ser. Minha glândula pineal passou a trabalhar melhor e a produzir mais serotonina, gerando "picos de felicidade", êxtases proporcionados por meu próprio organismo. Minha produção de melatonina aumentou, passei a dormir melhor e, por consequência, a produzir mais GH — o hormônio do crescimento, restaurador das células —, a acordar renovada e a ter mais disposição. Sinto tamanha energia que, às vezes, parece que vou acender como uma lâmpada!

A magia

Eu não sou médica, não sou nutricionista, nem chef, pajé ou curandeira. Sou talvez uma bruxinha do mundo moderno. Sou natureza no meio do concreto. Sou metade cosmopolita, metade floresta. E quero que você sinta o que eu sinto hoje. Quero lhe contar o que eu queria que alguém tivesse me dito: existe um bônus, você pode ter mais que saúde. Pode ter uma saúde exuberante e atingir seu potencial pleno, o que você nem imagina ser possível. Tenho certeza de que você nem sonha com o que seu cérebro e seu corpo são capazes se você permitir que eles funcionem como nasceram para ser. Imagine como seu corpo poderia ser se ele parasse de se defender de você mesmo. Descobri por meio da dor, mas quero lhe ensinar o que sei pelo amor.

Não existe nada mais íntimo do que a alimentação. Ela passa por todas as células vivas do seu corpo. Assim como um remédio que precisa de vários ingredientes para ter um determinado efeito, os alimentos também podem e devem ser combinados para que gerem determinado benefício no organismo, de modo que, juntos, sejam mais bem absorvidos.

Todos os alimentos naturais da terra, resultado das energias do sol, do ar, da água e da terra, se consumidos com sabedoria e inteligência, são anti-inflamatórios e antioxidantes. Tudo que não é da terra, como carnes, derivados de animais, alimentos industrializados processados, álcool e refinados, é inflamatório e oxidante. O consumo frequente desses alimentos pode gerar doenças, envelhecer e matar. Mesmo que em silêncio e aos poucos.

O vegetariano estrito não ingere nenhum tipo de alimento de origem animal. Não come ovo, leite, iogurte, queijo ou mel. O vegano vai além: também não usa nenhum produto de origem animal como lã ou couro, e nenhum produto que tenha como origem a exploração animal, como os cosméticos testados em animais. É mais do que uma dieta, é um estilo de vida.

Minha alimentação é exclusivamente natural, à base de plantas. "Mas você só come plantas?" Sim, mas vou te mostrar uma nova forma de enxergar a comida. É possível fazer um brigadeiro que cura, um brownie que, além de não fazer mal, ainda faz muito bem. Apenas o bem. E sim... de plantas! Porque batata-doce é planta, grão-de-bico é planta, cacau é planta. Se compra algo em que o rótulo apresenta ingredientes que você não sabe o que são, provavelmente não farão bem a você. A natureza não precisa de rótulos. Feijão é feijão, coco é coco. Tudo o que você come deve gerar um benefício, senão não tem por quê! As receitas perfeitas devem ser incrivelmente gostosas e emocionantes. Devem ser rápidas, simples e fáceis. E, de preferência, baratas. Mas, junto a tudo isso, devem ser nutricionalmente perfeitas, equilibradas e, mais do que não fazer mal, elas devem curar e fazer bem. Assim como um remédio pode ter vários ingredientes combinados para gerar determinado efeito no organismo, uma receita gostosa também pode ter.

As pessoas não conhecem seu próprio organismo, e também não conhecem os alimentos. Todos deveriam crescer sabendo como seu corpo funciona e como os alimentos atuam em relação a ele. Como passei a conhecer muito bem os alimentos e meu organismo, comecei a desenvolver meu pão, meu queijo vegetal, meus bolinhos, meus belisquetes, meu "doce de leite", minha pasta de dente, meu desodorante, meu hidratante etc. Fazer

meu próprio pão foi mágico! Quando fiz meu próprio "leite" e meu "queijo", me senti poderosa e realizada. Comecei a desmistificar a culinária. Eu me desafiava a transformar receitas tradicionais em receitas 100% benéficas. E elas tinham de ser mais gostosas do que as convencionais! Tinham também de ser fáceis, simples. Errei muitas vezes, mas não as jogava fora, porque eram nutritivas e os sabores estavam sempre muito bons. A gente, na verdade, não precisa de pão, não precisa de queijo, mas a gente os quer. Simplesmente porque estão entranhados na nossa cultura, na nossa criação, nas nossas lembranças, no nosso paladar e na nossa rotina.

Por onde começar?

Nem sempre é simples se reinventar na questão alimentar, pois ela está diretamente ligada ao afeto. Somos gerados na barriga de nossa mãe, alimentados de nutrientes e amor. Nascemos e somos levados ao peito para sermos alimentados de leite e amor. Passamos então para as papinhas, com muitos sorrisos e palavras de carinho tentando nos fazer comer. Somos condicionados a prêmios em forma de comida quando fazemos — ou para fazermos — algo positivo. Celebramos e socializamos em volta da mesa. Comemos se estamos tristes, felizes, entediados, por diversão, por prazer... e muitas vezes para preencher vazios existenciais. Quando você desperta, esses vazios passam a ser preenchidos por compaixão, amor e atitude.

O primeiro passo é desejar mudar de vida e querer ser a melhor versão de si mesmo. Permitir-se ser imune a doenças, aprimorar sua herança genética com alimentação inteligente direcionada, ter saúde exuberante e atingir a plenitude de seu potencial, até então desconhecido mesmo por você.

Você não tem curiosidade de saber como se sentiria, como seu corpo poderia ser, que reações incríveis ele teria se você se permitisse viver como nasceu para ser? Vai ter picos de felicidade e sentir tanta energia que vai achar que poderia iluminar uma cidade. Passará por reações bioquímicas naturais, neuro-hormonais. Pare, então, de se inflamar; pare de se oxidar. Pare de gerar e causar dor para si e para os outros. Não se engane com nomes de pratos bonitos nos cardápios e bandejas de isopor e plástico escondendo a morte. Alimente-se do resultado da energia do sol, do ar, da terra e da água. Você não precisa abdicar do prazer; pode comer praticamente tudo o que gosta, apenas troque por ingredientes naturais. Não precisa viver da morte de outras vidas, não importa o que lhe falaram, não importa se foi criado de uma forma diferente do que acredita ser certa hoje. Reinvente-se!

Só amor...

Acredito que o veganismo seja a maior revolução moral da humanidade. É o que vai salvar este planeta. Acredito realmente nisso, sem romantismos nem floreios. É também o que vai salvá-lo de si mesmo. É o que liberta o corpo de doenças e o faz conhecer todo o seu potencial. Mas é também o que o liberta da prisão de seu próprio ego e vaidade. Quando o ser humano respeitar todo e qualquer ser, vão imperar o amor e o respeito. E estaremos prontos para o próximo estágio deste planeta!

Eu sabia que me tornar vegana seria incrível. Mas nem nos meus sonhos e previsões mais lindas imaginava o divisor de águas que seria para o meu corpo, o meu organismo, a minha percepção de mundo, a minha conexão com o todo. Hoje, a música continua sendo parte de tudo o que faço: continuo compondo e cantando por necessidade de me expressar. É também o quinto dos sentidos da minha culinária; é o que coloca a emoção na comida. O que faço aqui não tem vaidade nem ego. Pelo contrário. Eu me libertei de ambos quando me tornei feliz e enxerguei esta missão. Tornar-me vegana e, despretensiosamente, criar o The Veggie Voice fez com que me conectasse com a evolução que está acontecendo no mundo de uma maneira avassaladora. Esta semana pode ser o início de uma linda jornada. E vou lhe mostrar um caminho!

O coração
da culinária

Música e o quinto sentido da culinária

Se a cozinha é o coração de uma casa, a música é seu batimento cardíaco. Ela desperta nosso quinto sentido para a culinária.

O olfato, o paladar, o tato e a visão colaboram para a criação de uma harmonia de aromas, sabores e consistências que se transformam em arte para os olhos. Então a música, a audição, entra em cena e desperta emoção, ritma o coração, passa calor para as mãos e dá alma às receitas, tornando-as inesquecíveis.

Quando vou para a cozinha, normalmente ainda não sei o que vou preparar. Sempre deixo a música me guiar. A música, assim como um cheiro e um gosto, pode trazer lembranças e sentimentos. Acordar com a música certa, assim como tomar o café da manhã certo, pode determinar o restante do seu dia.

Músicas são atemporais, assim como receitas. Se ambas tiverem amor, serão eternas. No meu fogão toca música; no meu violão toca sabor.

Instrumentos

Você não precisa de nenhum utensílio especial para preparar receitas emocionantes. Quando comecei a cozinhar, eu tinha pouquíssimas coisas. Usava uma tigela, uma faca, uma colher, xícaras e tigelinhas no lugar de forminhas. Providenciava outros utensílios à medida que sentia necessidade. Você precisa apenas de uma faca comum, uma tigela ou um prato fundo, um fogão com forno simples, uma assadeira comum, duas panelas (uma normal e outra de pressão), um liquidificador e um voal ou peneira bem fina. Claro que, se você tem utensílios bons, eles vão facilitar o trabalho. Usaremos medidas-padrão. Mas não se preocupe com nada disso. Não para a magia que faremos...

Vai dar tudo certo, se você tiver:

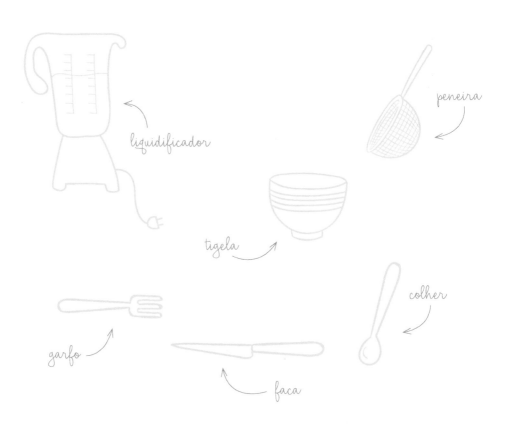

liquidificador

peneira

tigela

colher

garfo

faca

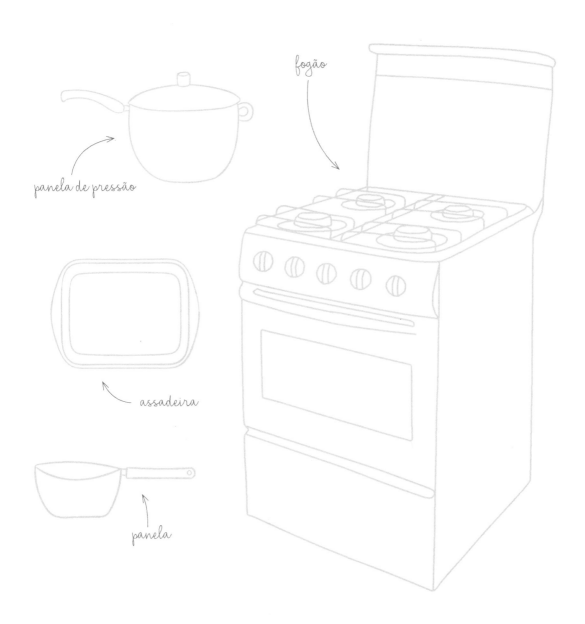

fogão

panela de pressão

assadeira

panela

Temperos mágicos

A combinação e a dose certa de temperos e especiarias pode determinar o sucesso de uma receita. Mas eles não trazem apenas aromas e sabores. Muitas vezes, contêm muito mais nutrientes do que os outros ingredientes da receita. São poderosos anti-inflamatórios, antioxidantes, calmantes, estimulantes, antibióticos, cicatrizantes... Sou muito fã de todos e precisaria de um livro inteiro dedicado a eles para descrever todos os seus benefícios.

Você só vai aprender as combinações se começar a usar os temperos e a ousar. Alguns combinam mais com uns do que com outros, até pela questão da biodisponibilidade (o percentual de aproveitamento de uma substância pelo organismo). A combinação de dois ingredientes pode aumentar a absorção de um deles ou de ambos pelo corpo, gerando mais benefícios nutricionais e funcionais.

Apresento a seguir apenas algumas das propriedades mágicas das especiarias e ervas que nunca faltam na minha casa e que usaremos nas nossas poções durante os sete dias.

Especiarias

Canela

Anti-inflamatória, antioxidante e termogênica, acelera o metabolismo e protege o organismo contra a proliferação de bactérias, vírus e fungos. É mais bem absorvida se combinada com gengibre.

Cardamomo em pó (ou em bagas)

Tem propriedades antissépticas, analgésicas, diuréticas, digestivas, expectorantes, laxantes e sedativas. É uma planta indicada para o tratamento de bronquite, asma, artrite, distúrbios intestinais e digestivos, cólicas, inchaços, reumatismos e vermes.

Coentro em pó

Tem propriedades diurética, estimulante e anti-inflamatória. Pode ser usado no tratamento de problemas do estômago e intestino, além de ajudar a controlar a flatulência. Auxilia ainda no tratamento de enxaqueca, fadiga, má digestão, reumatismo, dores em articulações e enjoos.

Cominho

Ajuda a digestão, a redução de gases e fortalece o fígado, facilitando a diluição de gorduras. Além disso, estimula a secreção de enzimas pelo pâncreas, aumentando a capacidade de absorção de nutrientes, auxilia no processo metabólico e ajuda na cura de ferimentos de pele.

Cúrcuma

Também conhecida como açafrão-da-terra, possui poderosíssimas propriedades anti-inflamatórias e antioxidantes. Já foram identificados mais de duzentos compostos fitoquímicos em sua composição. Auxilia a digestão, reduz gases e é usada em tratamentos de doenças como o câncer. Coloque-a na sua vida diariamente. Ela vai ser mais bem absorvida se combinada com pimenta-do-reino.

Curry

De origem indiana, na verdade é uma combinação de ingredientes moídos, o que o torna superpoderoso. A composição pode variar, mas normalmente contém gengibre, canela em pau, cominho, pimenta-do-reino, cardamomo, cravo, erva-doce, cúrcuma e coentro em grãos.

Gengibre

Anti-inflamatório, antioxidante e termogênico. Por retardar a absorção dos açúcares e amidos, essa raiz ajuda a dar mais saciedade. Auxilia a eliminar toxinas, alivia enjoos, ajuda a digestão e diminui gases. É mais bem absorvido se combinado com canela.

Noz-moscada

Tem propriedades anti-inflamatórias e sedativas, e auxilia o sono, a digestão e a circulação.

Pimenta-do-reino

É anti-inflamatória, termogênica e ajuda na absorção da cúrcuma. Contém ferro, cálcio, eugenol e muitos outros nutrientes. Deve ser evitada por pessoas com problemas digestivos.

Pimenta-rosa

Purifica e desintoxica, além de ter ação vermífuga e anti-inflamatória.

Ervas

Capim-santo (capim-cidreira)

Desintoxicante, analgésico, além de ótimo calmante, o capim-santo pode ser usado como repelente de insetos.

Cebolinha

Gosto tanto de cebolinha que crio receitas a partir dela só para poder consumi-la. É um dos melhores antibióticos naturais, tem propriedades anti-inflamatórias e é um perfeito repelente de insetos. Uso a parte de dentro (aquela gosminha) para tratar picada de mosquitos e acne — é muito eficiente!

Hortelã

Anti-inflamatória poderosa, ajuda a conservar o colágeno da pele e do cabelo e estimula o sistema digestório. Também ajuda no tratamento de tosses, resfriados, cólicas e problemas de estômago, além de abrir as vias respiratórias e ser calmante.

Manjericão

Combate o cansaço, a depressão, enxaquecas e a insônia. Além disso, é antiespasmódico, digestivo, diurético e abre o apetite. Também diminui estados febris, alivia irritações de pele e é muito eficaz para laringites, faringites e aftas.

Orégano

É anti-inflamatório, antioxidante e antifúngico. Gosto de chamá-lo de "divo" porque traz tantos benefícios que merecia um livro apenas para ele. Tem mais de trinta nutrientes, é calmante e sedativo.

Salsinha

Poderoso anti-inflamatório e desintoxicante, tem propriedades diuréticas e é muito indicada para auxiliar no tratamento de infecções urinárias e problemas renais.

As medidas

Chia

1 xícara (chá)	168 g
1 colher (sopa)	11 g
1 colher (chá)	3,5 g

Cacau em pó

1 xícara (chá)	85 g
1 colher (sopa)	5 g
1 colher (chá)	2 g

Farinha de arroz

1 xícara (chá)	125 g
1 colher (sopa)	8 g
1 colher (chá)	3 g

Açúcar de coco

1 xícara (chá)	200 g
1 colher (sopa)	12,5 g
1 colher (chá)	4,5 g

Líquidos (água, leite vegetal, óleo de coco, azeite)

1 xícara (chá)	240 ml
1 colher (sopa)	15 ml
1 colher (chá)	5 ml

colher de chá

colher de sopa

xícara de chá

Preparos e demolhos

A natureza é perfeita, mas para tirarmos proveito de seus benefícios devemos entender como os alimentos funcionam em relação ao nosso organismo e aprender como prepará-los. Alguns grãos, leguminosas, oleaginosas, tubérculos, sementes e hortaliças têm o que chamamos de "antinutrientes". São fitatos ou oxalatos presentes nas plantas com a função de protegê-las de bactérias e da decomposição. É a defesa da planta. Também conhecidos como ácido fítico e ácido oxálico, são poderosos antioxidantes, mas muitas vezes nos causam mal-estar quando consumidos em alimentos sem o preparo apropriado, além de atrapalhar a absorção de alguns nutrientes como cálcio, ferro, fósforo, zinco e magnésio.

Para consumir determinados alimentos com segurança, basta fazer algo muito simples: o demolho. Em casa de vegano saudável sempre há algum alimento de molho. Ou vários. O demolho também é o início da germinação, processo em que a semente brota e potencializa muito os nutrientes do alimento.

Quanto maior a resistência do alimento, isto é, quanto maior o seu tempo de cozimento, maior deve ser o tempo de demolho. O feijão demora mais tempo para cozinhar do que a lentilha, certo? Então ele deve ser deixado de molho por mais tempo que ela. Simples assim.

Um bom planejamento nos liberta! Na sexta-feira você pode deixar alguns alimentos de molho para cozinhá-los no sábado e no domingo. Cozinhe-os em água nova para deixá-los neutros e depois vá usando-os durante a semana. Por exemplo, o grão-de-bico pode virar um prato indiano como pode também se tornar um delicioso brigadeiro!

Não fazer o demolho não altera as receitas em nada. Mas quem as consumir poderá sentir certo mal-estar, desconforto, gases ou enjoos, além de não se beneficiar tanto dos nutrientes.

Tempo de demolho dos alimentos

O ideal é deixá-los fora da geladeira nesse processo, pois a baixa temperatura dificulta a eliminação dos antinutrientes.

Ingrediente	Tempo	Observação
Batata-doce	8 horas	Deixe-a com casca e cortada ao meio de molho em água com vinagre — 1 colher (sopa) de vinagre para 1 litro de água.
Feijão-carioca	48 horas	Troque a água a cada 12 horas.
Grão-de-bico	48 horas	Troque a água a cada 12 horas.
Castanha-de-caju	8 horas	

Receitas e alimentos-base

São receitas e alimentos que precisam ser preparados com antecedência. No caso da nossa semana vegana, recomendo que prepare tudo de uma vez no início da semana.

Batata-doce

Depois do demolho, é possível assar no forno ou cozinhar em água. Sempre com casca, para não perder os nutrientes. Ao ser assada, ela perde menos nutrientes, mas fica com o índice glicêmico um pouco mais alto. Você pode assar ou cozinhar alguns dias antes de usar.

Biomassa

A Biomassa é uma espécie de purê, um creme espesso, feito a partir de bananas verdes, que ainda não passaram pelo processo de amadurecimento. Eu gosto de usar banana-prata verde, mas pode ser outro tipo, exceto banana-da-terra. A Biomassa é rica em vitaminas A e do complexo B, fósforo, cálcio, magnésio e potássio. Excelente forma de amido resistente, ela tem ação semelhante às fibras. O amido resistente tem a característica de alimento funcional, pois traz benefícios nutricionais, dietéticos e metabólicos, contribuindo para o controle e a redução do risco de doenças. No intestino, a Biomassa é fonte de energia para as bactérias boas que mantêm a integridade da mucosa intestinal, tão importante para a absorção de nutrientes. Ela também contém inulina, que age no intestino grosso estimulando o corpo a eliminar toxinas. E ainda melhora a imunidade, promove saciedade e reduz a absorção de gordura e de glicose.

veja a receita na próxima página

Tempo de preparo 30 minutos

Ingredientes

Bananas verdes
Água

Modo de fazer

1. Coloque as bananas verdes numa panela de pressão. Elas devem estar com a casca bem fechada.

2. Coloque água suficiente para cobrir as bananas. Quando a pressão começar, conte 8 minutos cravados e desligue. Deixe a pressão sair naturalmente.

3. Tire as cascas com cuidado para não se queimar e bata a banana ainda quente no liquidificador com água. A proporção é: 2 bananas para 1 copo de água. Bata bem até virar um creme lisinho, parecido com doce de leite.

4. Conserve na geladeira num recipiente de vidro fechado por até cerca de 10 dias. Se preferir, pode congelar para consumir em até 3 meses.

Dicas: Para usar a Biomassa depois de congelada, deixe descongelar naturalmente e, então, bata no liquidificador com um pouquinho de água quente para voltar à consistência normal. | Depois de descascar as bananas, não jogue a casca fora; use-a para preparar o bolo da p. 142!

Feijão

Depois do demolho, lave o feijão novamente e cozinhe em água nova. Use duas porções de água para cada porção de feijão. Cozinhe na pressão por 30 minutos.

Grão-de-bico

Depois do demolho, lave o grão-de-bico novamente e cozinhe em água nova. Use duas porções de água para cada porção de grão-de-bico. Cozinhe na pressão por 30 minutos.

Leite de coco

Guarde o leite em uma garrafa de vidro fechada e coloque o resíduo num pote bem fechado, ambos na geladeira. Usaremos durante a semana.

Tempo de preparo 10 minutos

Ingredientes
Coco seco fresco
Água (opcional)

Modo de fazer
Existem duas maneiras:

No liquidificador
Deixe 1 xícara (chá) de coco seco fresco de molho em 3 xícaras (chá) de água quente por 5 minutos. Depois, bata tudo no liquidificador por 2 minutos e coe num voal ou numa peneira bem fina. Se desejar um leite de coco mais grosso, coloque menos água.

Na centrífuga
Passe o coco seco na centrífuga sem acrescentar água (o aparelho precisa ser potente) — o leite de coco vai sair bem grosso. Aprendi este modo de preparo na Bahia, e foi o melhor leite de coco que já provei.

Uma semana vegana

Os sete dias

Gostaria que todos pudessem sentir o que eu sinto, por isso montei este cardápio para uma semana para que você se permita conhecer uma nova forma de se alimentar e de viver. Os alimentos serão elevados a outro nível, o que vai fazer você se sentir muito bem. São refeições completas e inteligentes, fáceis, rápidas, práticas, acessíveis e gostosas demais.

Talvez você leia a receita e pense que pode não ser tão simples. Mas acredite: é! Depois que as preparar, vai entender e se emocionar como eu. Receitas que, além de deliciosas, curam e lhe fazem bem. É a união do conhecimento e do amor. Só poderia dar certo!

Claro que você pode fazer qualquer receita quando bem desejar, não precisa seguir o programa todo. Mas, se decidir por viver uma semana vegana, quem sabe no final você também "acenda lâmpadas".

Depois deste capítulo, você vai encontrar os meus top hits, receitas que não poderiam faltar neste livro. E, na sequência, receitas de cosméticos naturais e dicas para limpar a casa com ingredientes naturais que não vão agredir o meio ambiente.

O programa traz receitas para uma pessoa desfrutar, durante sete dias, de alimentação vegana saudável e inteligente. Sugiro começar pela segunda-feira, pois assim poderá fazer as compras e os pré-preparos dos alimentos no fim de semana anterior.

Alguns alimentos vão se repetir ao longo do cardápio para que você enxergue possibilidades de preparo, variações de receitas com o mesmo alimento e não desperdice nada. Não jogue nada fora: use as sementes e as cascas também, pois elas são um poço de nutrientes e podem ser inusitadamente deliciosas.

Talvez você ache que certas receitas têm muitos ingredientes. Fazer um bolo ou pão sem glúten e sem ovo exige uma harmonização de ingredientes para recriar a liga do glúten e a leveza e a maciez do ovo. E lembre-se de que todas as receitas foram pensadas para que sejam perfeitas do ponto de vista culinário (rápidas, fáceis e gostosas).

As refeições foram elaboradas para que tenham carga glicêmica baixa e absorção lenta, gerando saciedade por algumas horas. Em cada receita existem opções de substituições; ainda assim, caso você tenha alguma restrição alimentar, consulte seu nutricionista.

As porções são sugestões, se achar necessário, mude as quantidades. E se você for atleta ou precisar perder ou ganhar peso, consulte um profissional. Este livro não substitui nenhum programa alimentar ou dieta prescrito por um nutricionista para você. Essa é uma sugestão de cardápio para você experimentar a alimentação vegana!

Se, nesse período, você quiser comer algo além do sugerido, escolha alimentos naturais como frutas, legumes e verduras. Se for fruta, coma junto uma ou duas castanhas para retardar a absorção da frutose. E, principalmente à noite, evite doces e amidos, para não sobrecarregar o pâncreas.

O dia vai sempre começar com o Suco mágico no desjejum. Acordamos de um período de jejum com uma carga oxidante grande, então ele vai alcalinizar e desinflamar seu organismo e suas glândulas neuro-hormonais, para que você produza mais serotonina e tenha muita energia.

Depois de tomar o Suco mágico, você vai preparar o café da manhã. São preparos que levam no máximo 5 minutos. Se precisar ir ao forno, vai ser o tempo de tomar banho ou secar o cabelo. E quando você estiver pronto, ele vai estar pronto também. E o que são 5 minutos do seu dia para que você saia feliz e saltitante para as outras 23 horas e 55 minutos que ainda lhe restam?

Você poderá levar o almoço para o trabalho em uma marmita. Pode parecer pouco no início, dependendo da quantidade de comida com a qual está acostumado, todavia costuma ser mais do que suficiente. São refeições 100% inteligentes, nutritivas e benéficas, sem nutrientes vazios. Alimente-se com calma e se sentirá muito saciado ao final da refeição.

O lanchinho da tarde vem para aquela hora em que sua produção de serotonina vai baixando e a vontade de um docinho aparece. Nesta semana você vai se libertar do açúcar refinado e seu cérebro provavelmente vai dar sinais de abstinência, pedindo açúcar. Lembre-se: você controla a comida, não o contrário! Coma seu lanchinho; ele vai satisfazê-lo e a vontade vai passar. O grão-de-bico usado em muitas receitas do cardápio tem triptofano, o mesmo aminoácido presente no chocolate, que estimula a produção de serotonina, gerando a sensação de felicidade, prazer e bem-estar.

O jantar costuma ser a refeição em que as pessoas têm maior dificuldade, pois não sabem o que comer para não se prejudicar. É também o momento em que sentem mais fome. A produção de serotonina à noite é baixinha, então vai dando vontade de comer para preencher a sensação de bem-estar. Se você se alimentou conforme o programa o dia todo, vai sentir cada vez menos essa vontade. Assim, essa refeição deve ter carga glicêmica baixa e ser bastante anti-inflamatória, para que suas glândulas neuro-hormonais, como a glândula pineal e a hipófise, possam trabalhar melhor, em sua potência máxima, e produzir, respectivamente, mais melatonina e hormônio do crescimento, que vai restaurar suas células e tecidos (musculatura, pele, ossos, nervos, órgãos etc.). Alguns alimentos, além de não bloquear a produção desses neuro-hormônios naturais, ainda vão estimulá-la.

O chá antes de dormir é um importante fechamento do dia para acalmar o organismo e ajudar a desinflamá-lo com poderosos antioxidantes. Assim, você vai adormecer melhor, descansar o corpo e produzir ainda mais melatonina e hormônio do crescimento. E acordará menos oxidado e inflamado, além de produzir mais serotonina, ter mais energia, bom humor, comer melhor e entrar em uma crescente de benefícios. Não é lindo? Não deixe de tomar o chá!

O que você vê?

Eu vejo sorvete, bolos, bolinhos, pão, massas, queijos, tortas, brigadeiro, trufas, quiches, pizzas, sopas, nhoque, panqueca, crepe... Criatividade, harmonia, saúde e mudança de vida! Comece a ver a comida de outra forma e a enxergar possibilidades. Abra os olhos, a mente e o coração. Alimente-se de vida! Você se sentirá vivo e o universo vai lhe devolver multiplicado e amplificado. É a lei de causa e efeito, ação e reação.

Lista de compras

Esta é uma lista básica com a qual você poderá fazer todas as receitas sugeridas para a semana vegana. Os ingredientes podem ser encontrados em mercados comuns, lojas de produtos naturais, cerealistas, hortifrútis e verdureiros. Experimente comprar a granel e somente as quantidades necessárias, assim não desperdiça e pode variar os nutrientes. Você vai se surpreender com os valores baixos e acessíveis! Quase todos os ingredientes podem estar sempre presentes na sua despensa, pois vão servir de base para muitas receitas. Lembre-se de guardá-los em potes bem vedados e protegidos da luz.

Secos e molhados

- 150 g de açúcar de coco
- ágar-ágar
- arroz integral
- 100 g de aveia
- 100 g cacau em pó (sem açúcar)
- 400 g de castanha-de-caju
- 100 g de chia
- 200 g chocolate amargo com 70% de cacau (sem leite)
- estévia líquida (único adoçante natural recomendado por médicos para gestantes e crianças)
- 50 g de farinha de amêndoa
- 600 g de farinha de arroz
- 200 g de farinha de linhaça
- 200 g de flocos de amaranto
- 200 g de flocos de quinoa
- 200 g de feijão-carioca
- gergelim
- 300 g de grão-de-bico
- 100 ml de melado de cana
- 100 g de polvilho azedo
- 300 g de polvilho doce
- 50 g de psyllium
- 500 g de tofu
- tofu defumado

A aveia naturalmente não contém glúten, mas muitas marcas comercializadas podem conter traços de glúten. Se você for alérgico, fique atento à embalagem.

O que talvez você já tenha na sua despensa

- azeite extravirgem
- canela
- curry
- azeite de dendê
- fermento em pó químico (ou bicarbonato de sódio + cremor de tártaro)
- mostarda de Dijon
- noz-moscada
- óleo de coco (ou gordura de coco)
- orégano
- pimenta-do-reino
- sal rosa
- tahine
- vinagre de maçã

Alimentos frescos

- 2 abacates (ou 4 avocados)
- 1 abóbora cabotiá
- 1 abobrinha
- 3 aipins (mandiocas)
- alecrim
- 1 cabeça grande de alho
- 4 bananas verdes (qualquer tipo, exceto a banana-da-terra)
- 1 banana-prata
- 3 batatas-doces
- 1 batata yacon
- 2 beterrabas
- 1/2 maço de brócolis
- 2 cajus
- 6 castanhas-do-pará
- 4 cebolas roxas
- cebolinha
- 1 cenoura
- 1 coco seco fresco
- 3 cocos verdes frescos
- 1/2 maço de couve
- 1 couve-flor pequena
- cúrcuma, a raiz em pedaço (ou em pó)
- 1/2 maço de espinafre
- gengibre
- hortelã
- 2 laranjas
- 6 limões-taiti
- 2 maçãs
- 1 manga
- manjericão
- 2 maracujás
- 1 pimentão amarelo
- 1 pimentão verde
- 1 pimentão vermelho
- 1 pera
- salsinha
- 150 g de shiitake
- 100 g de shimeji
- 12 tomates

Segunda-feira

DESJEJUM
Suco mágico verde

CAFÉ DA MANHÃ
Pãozinho do amor de batata-doce com manteiga de avocado

demolho

ALMOÇO
Dahl de grão-de-bico
Purê de abóbora cabotiá

LANCHINHO
Coisinho de chocolate

JANTAR
Melhor sopa de tomate do mundo

CHÁ DA NOITE
Chá de alecrim com raspas de limão

Suco mágico verde

Para alcalinizar, desintoxicar e estimular! O Suco mágico verde é o início de tudo. É mágico porque é feito com alquimia e muda vidas.

Minha transformação se iniciou por ele, e percebo que, para muita gente, ele é o gatilho da mudança para uma vida saudável. Esse suco transforma muito mais que o organismo. Quando você faz esse carinho e tem esse cuidado consigo, passa a se respeitar. Começa, então, a colocar para dentro do corpo apenas o que lhe faz bem. E faz o mesmo com sua alma. Muitas pessoas mudam de emprego, de profissão, de cidade, de vida...

De manhã, você acorda com uma grande carga oxidante, então o limão vai ajudar a alcalinizar e a vitamina C potencializará a absorção dos nutrientes dos outros ingredientes. A hortelã vai abrir as vias respiratórias, oxigenando o organismo. A canela e o gengibre são termogênicos e, juntos, são mais biodisponíveis, isto é, mais facilmente absorvíveis. Já a pitada de pimenta-do-reino ajudará a poderosa e anti-inflamatória cúrcuma a ultrapassar a barreira intestinal para que seja absorvida.

ingredientes

1 limão

2 folhas de couve

1 maçã

2 cm de gengibre

1 colher (café) de canela

1 colher (chá) de cúrcuma em pó

uma pitada de pimenta-do-reino

folhinhas de hortelã

3 ramos de salsinha

200 ml de água

6 gotas de estévia

modo de fazer

Bata tudo no liquidificador. Se quiser uma absorção mais rápida, coe antes de beber.

2 cm se fresca

limpa o sangue

opcional para adoçar

Pãozinho do amor de batata-doce

tempo de demolho 8 horas (para a batata-doce)
tempo de pré-preparo 20 minutos (para cozinhar a batata-doce)
tempo de preparo 40 minutos

ingredientes

veja p. 31 ←

1 xícara (chá) de batata-doce cozida e amassada
2 colheres (sopa) de polvilho doce
1 colher (sopa) de polvilho azedo
1 colher (sopa) de sementes de chia

ou quinoa em flocos ou farinha de linhaça

1 colher (sopa) de amaranto em flocos
1 colher (sopa) de azeite
1 colher (chá) de sal rosa

2 cm se fresca ←

1 colher (chá) de cúrcuma em pó
uma pitada de pimenta-do-reino
orégano

ou alecrim ou manjericão

modo de fazer

Coloque a batata-doce em uma tigela, adicione os outros ingredientes e misture com as mãos. Continue misturando até obter a consistência de massinha de modelar. Deve ficar bem gostosa de trabalhar, sem estar pegajosa nem esfarelar. Se esfarelar, adicione um pouquinho de água. Preaqueça o forno a 200 ºC. Molde em bolotas tamanho coquetel* e leve ao forno em uma assadeira antiaderente por cerca de 30 minutos.

* As bolinhas podem ser congeladas e depois assadas diretamente do freezer.

Manteiga de avocado

5 minutos

O avocado é uma espécie de abacate menor, tem menos água e é mais cremoso.
Ele tem 10% a mais de nutrientes e 10% a menos de calorias que o abacate comum.

ingredientes

ou abacate

2 colheres (sopa) de avocado*

1 colher (sopa) de azeite

½ colher (café) de sal rosa

* Pingue e misture algumas gotas de limão ao avocado
ou ao abacate que sobrar. Guarde na geladeira num
pote bem fechado para a próxima receita.

modo de fazer

Amasse o avocado com
um garfo e junte os outros
ingredientes até virar um
creme consistente bem
lisinho. Leve à geladeira
enquanto os pãezinhos assam.
Sirva com os pães.

café da manhã

Dahl de grão-de-bico

tempo de demolho **48 horas**

tempo de pré-preparo **30 minutos (para o grão-de-bico, a Biomassa e o leite de coco)**

tempo de preparo **5 minutos**

ingredientes

veja p. 33

1 concha de grão-de-bico cozido

veja p. 32

2 colheres (sopa) de Biomassa

½ xícara (chá) de leite de coco caseiro

veja p. 33

½ xícara (chá) de água

1 colher (chá) de curry

½ colher (café) de sal rosa

cebolinha e salsinha a gosto

no meu caso, eu gosto muito

modo de fazer

Em uma panela pequena, coloque todos os ingredientes, misture e deixe cozinhar por cerca de 5 minutos até reduzir a água e ficar bem cremoso.

veja a receita do purê na p. 52

Purê de abóbora cabotiá

Ao fazer esta receita, não desperdiço nada. A casca da abóbora dou em pedacinhos para o meu cachorrinho Rocky. Ele ama! Já as sementes, lavo bem, tempero (apenas com sal, curry, páprica ou canela), levo ao forno por cerca de 20 minutos ou até dourar. Elas podem ser consumidas como aperitivo ou em saladas e sopas. Outra opção é fazer leite vegetal com elas (veja o quadro abaixo). As sementes de abóbora são indicadas para prevenir a anemia em razão do seu alto índice de ferro. Elas também são ricas em cálcio e fósforo, auxiliando na formação dos glóbulos vermelhos, oxigenando as células e fortalecendo ossos e músculos. São úteis para diminuir a sensação de náusea e enjoo. E, além disso, contribuem para o fortalecimento do sistema imunológico, facilitam a digestão e ainda ajudam a diminuir os sintomas da TPM.

ingredientes

1 xícara (chá) de abóbora cabotiá sem casca e sem semente
1 colher (sopa) de azeite
sal rosa a gosto
uma pitada de pimenta-do-reino
alecrim a gosto

modo de fazer

Em uma assadeira, leve a abóbora ao forno a 200 ºC por 40 minutos. Depois, com um garfo, amasse a abóbora, junte os ingredientes restantes e misture bem. Sirva com o Dahl de grão-de-bico.

Leite vegetal de sementes de abóbora

Deixe 1 xícara (chá) de sementes de abóbora de molho por 8 horas, depois bata no liquidificador com 2 xícaras (chá) de água nova por 2 minutos e coe com um voal ou peneira fina. Os leites vegetais de sementes e oleaginosas não devem ser aquecidos em temperaturas elevadas. Caso precise aquecer, nunca deixe ferver; apenas amorne levemente para não perder os nutrientes e também para não talhar e não saturar o óleo. Conserve sempre na geladeira em recipiente de vidro tampado e consuma em até 5 dias.

Coisinho de chocolate

tempo de pré-preparo 10 minutos (para o leite de coco)

tempo de preparo 30 minutos | tempo de geladeira 1 hora

Desconfio que docinhos não vão para o estômago, vão para o coração...

ingredientes

1 xícara (chá) de aipim (mandioca)

⅓ de xícara (chá) de leite de coco caseiro *ou outro leite vegetal, veja p. 33*

2 colheres (sopa) de óleo de coco

40 g de chocolate amargo com 75% de cacau

2 colheres (sopa) de melado de cana

2 colheres (sopa) de açúcar de coco

raspas da casca de 1 laranja *opcional*

2 colheres (sopa) de cacau em pó

modo de fazer

Em uma panela de pressão, cozinhe o aipim em água fervente até ficar molinho. Bata o aipim cozido ainda quente no liquidificador (ou no processador) com o leite de coco e o óleo de coco. Derreta o chocolate em banho-maria e adicione ao aipim. Acrescente os outros ingredientes, exceto o cacau em pó, e bata tudo no liquidificador até virar uma massa homogênea. Leve à geladeira por 1 hora e, depois, enrole em bolotas. Passe no cacau em pó e sirva.

Melhor sopa de tomate do mundo

Tenho a impressão de que qualquer problema do mundo poderia ser resolvido com uma boa sopa! Acalma o corpo e o coração. Essa sopa também pode se tornar o "Melhor molho de tomate do mundo". Para isso, bata três vezes no pulsar do liquidificador com menos água, para deixar o molho mais rústico.

ingredientes

débora ou italiano

2 tomates maduros

2 dentes de alho

½ cebola roxa

um fio de azeite

sal rosa a gosto

1 colher (sopa) de orégano

½ xícara (chá) de manjericão

uma pitada de pimenta-do-reino

opcional — alecrim a gosto

1 colher (sopa) de tofu orgânico firme*

*Usar o tofu nesta receita, além de acrescentar proteína, cálcio e magnésio, proporciona uma cremosidade a mais e um gostinho de "creme de leite".

modo de fazer

Corte os tomates em 4 e coloque em uma assadeira. Acrescente o alho descascado inteiro e a cebola roxa. Tempere com um fio de azeite, sal rosa, orégano, manjericão e uma pitada de pimenta-do-reino. Pode ainda usar alecrim. Preaqueça o forno a 180 °C e asse os tomates por cerca de 25 minutos. Depois, bata bem todos os ingredientes ainda mornos no liquidificador com 1 xícara (chá) de água quente. Adicione o tofu, se desejar, e bata mais um pouco.

Chá de alecrim com raspas de limão

rendimento 1 xícara

ingredientes

1 colher (sopa) de alecrim
fresco ou desidratado

raspas da casca de
1 limão-taiti a gosto

modo de fazer

Em uma xícara com água quente, deixe 1 colher (sopa) de alecrim e raspinhas do limão em infusão por 5 minutos. Coe e já pode tomar o chá!

chá da noite

Terça-feira

DESJEJUM
Suco mágico rosa

CAFÉ DA MANHÃ
Mexidão de tofu

ALMOÇO
Estrogonofe de shiitake
Bolinhos de aipim

demolho

LANCHINHO
Sorvete de manga e coco

JANTAR
Torta de grão-de-bico com recheio de guacamole

CHÁ DA NOITE
Chá de capim-limão com casca de laranja

Suco mágico rosa

Pense que tudo que você consome passa por todas as suas células gerando benefícios ou malefícios. Assim como um remédio tem vários componentes para gerar determinado efeito, a combinação correta de nutrientes e ingredientes de uma receita também é necessária.

Nesse suco rosa, a hortelã vai abrir as vias respiratórias, oxigenando o organismo; e a canela e o gengibre, juntos, serão mais bem absorvidos. E a pitada de pimenta-do-reino ainda vai ajudar a cúrcuma a ser mais bem absorvida.

O acido láurico do coco estimula a função da glândula tireoide e gera energia, além de reduzir a obesidade e os sintomas associados a problemas cardiovasculares, menopausa e tensão pré-menstrual na mulher, entre outras doenças.

A beterraba contém nitratos que são vasodilatadores e vão levar mais nutrientes e oxigênio aos músculos, e betaína, que vai diminuir a fadiga muscular, acelerando a recuperação, aumentando a força e reduzindo a ação inflamatória da musculatura. E, por esses motivos, também é excelente para ser consumida antes da prática de exercícios.

ingredientes

½ beterraba

½ maçã

1 rodela de gengibre fresco

do tamanho da moeda de 1 real

1 colher (café) de canela

10 folhas de hortelã

1 colher (chá) de cúrcuma em pó

uma pitada de pimenta-do-reino

1 copo de água de coco

1 colher (café) de óleo de coco

estévia a gosto

modo de fazer

Bata tudo no liquidificador. Se quiser uma absorção mais rápida, coe antes de beber.

Mexidão de tofu

tempo de pré-preparo 5 minutos (se usar cebola e alho)

tempo de preparo 5 minutos

Esta receita é uma delícia. Contém proteínas e é tão facinha e rápida de preparar!
Não precisa de nenhum dom, só amassar e misturar. E vai sustentá-lo por algumas boas horas.

ingredientes

120 g de tofu orgânico firme

sal rosa a gosto

opcional

1 colher (sopa) de levedura nutricional

1 colher (chá) de cúrcuma em pó

uma pitada de pimenta-do-reino

ou 1 colher (sopa) de cebolinha picada ou 10 folhas de manjericão

1 colher (sopa) de azeite

1 colher (chá) de orégano

cebola roxa refogada a gosto

alho refogado a gosto

opcionais

modo de fazer

Amasse o tofu e tempere com o sal rosa, a levedura nutricional, a cúrcuma, a pimenta-do-reino, o azeite, o orégano (ou a cebolinha ou o manjericão). Coloque em uma panela e mexa por 1 minuto. Se quiser, acrescente cebola roxa e alho refogadinhos junto.

Estrogonofe de shiitake

ingredientes

100 g de shiitake

1 colher (chá) de óleo de coco

sal rosa a gosto

veja p. 32

3 colheres (sopa) de Biomassa

1 colher (chá) de mostarda de Dijon

5 colheres (sopa) de leite de coco

ou outro leite vegetal, veja p. 33

uma pitada de pimenta-do-reino

uma pitada de cominho

cebolinha picada a gosto

modo de fazer

Lave brevemente o shiitake em água corrente. Ele absorve muita água, então eu uso uma escovinha de dente, escovo primeiro e, depois, lavo rapidinho. Corte em fatias. Em uma panela, salteie por 2 minutos no óleo de coco com uma pitada de sal. Adicione ⅓ de xícara (chá) de água, a Biomassa, a mostarda, o leite de coco, sal rosa, a pimenta-do-reino, o cominho e muita cebolinha. Deixe por mais 1 minuto no fogo, mexendo sempre. Sirva com os bolinhos de aipim (veja a receita a seguir) ou com arroz integral.

Bolinhos de aipim

ingredientes

1 xícara (chá) de aipim (mandioca)

sal rosa a gosto

2 colheres (sopa) de orégano

pimenta-do-reino moída a gosto

um punhado de salsinha picada

2 colheres (sopa) de farinha de linhaça dourada

são 29 g de proteína a cada 100 g!

modo de fazer

Cozinhe o aipim com água e sal por 30 minutos (ou 15 minutos na panela de pressão). Amasse o aipim com um garfo, adicione todos os temperos e misture. Molde bolotinhas e passe na farinha de linhaça dourada. Leve ao forno preaquecido a 200 ºC por cerca de 20 minutos.

almoço

Sorvete de manga e coco

tempo de pré-preparo 24 horas (para congelar a manga),
10 minutos (para o leite e o resíduo de coco)
tempo de preparo 5 minutos

Esse lanche também pode ser levado para o trabalho e consumido sem estar gelado; ele vai ficar com consistência de creme. Lembre-se de colocar a manga no congelador um dia antes.

ingredientes

1 manga congelada sem casca e sem caroço

1 colher (chá) de óleo de coco

veja p. 33 — 1 colher (chá) de açúcar de coco

2 colheres (sopa) de leite de coco batido no liquidificador

veja p. 33 ← 1 colher (sopa) do resíduo do leite de coco

modo de fazer

Bata tudo no liquidificador e sirva!

Torta de grão-de-bico com recheio de guacamole

tempo de demolho: **48 horas (para o grão-de-bico)**
tempo de pré-preparo: **30 minutos (para o grão-de-bico)**
tempo de preparo: **5 minutos (para o guacamole), 30 minutos (para a massa)**

O abacate contém glutationa, que ao ser combinada com o licopeno do tomate torna as duas substâncias mais biodisponíveis e de melhor absorção, estimulando a produção de hormônio do crescimento pela hipófise. Os temperos anti-inflamatórios – o orégano, a salsinha e a cebolinha – vão ajudar as glândulas neuro-hormonais a trabalharem melhor, promovendo a produção natural de melatonina. Assim, o corpo vai descansar melhor e produzir ainda mais hormônio do crescimento. Você vai acordar mais restaurado, produzir mais serotonina e se sentir mais feliz, disposto, bem-humorado e sereno.

ingredientes do guacamole

ou ½ abacate → ½ avocado

1 tomate cortado em cubinhos

1 colher (sopa) de orégano

1 colher (chá) de cebolinha picada

ou coentro → 1 colher (chá) de salsinha picada

1 colher (sopa) de suco de limão

sal rosa a gosto

azeite

modo de fazer o guacamole

Amasse o avocado.

Acrescente o tomate, o orégano, a cebolinha, a salsinha, o suco de limão, sal e um fio de azeite.

Misture bem.

jantar

veja p. 33

2 colheres (sopa) de
grão-de-bico cozido

1 colher (sopa) de
farinha de arroz

1 colher (chá) de
flocos de amaranto

1 colher (sopa) de azeite

½ colher (café) de sal rosa

Amasse o grão-de-bico cozido até ficar bem macio (sem o caldo). Adicione a farinha de arroz, o amaranto, o azeite e o sal. Misture tudo com as mãos. A massa deve ficar igual a massinha de modelar, sem grudar nas mãos e sem esfarelar. Forre duas forminhas de silicone de muffin (ou uma forminha de quiche individual ou duas forminhas de empada) com a massa, apertando bem. Molde bem as laterais e o fundo. Leve ao forno preaquecido a 200 ºC por cerca de 20 minutos. Depois de assadas, retire com cuidado das forminhas, recheie com o guacamole e devore!

Chá de capim-limão com casca de laranja

rendimento **1 xícara**

também conhecido como capim-cidreira ou capim-santo

capim-limão fresco ou desidratado a gosto

raspas da casca de 1 laranja a gosto
(Cuidado para não chegar na parte branca!)

Em uma xícara com água quente, coloque o capim-limão e as raspas da laranja em infusão, por 5 minutos. Coe e já pode tomar o chá!

chá da noite

Quarta-feira

DESJEJUM
Vitamina mágica verde

CAFÉ DA MANHÃ
Queijo de castanhas e tofu

ALMOÇO
Feijoadinha
Farofa de couve-flor e amaranto

demolho

LANCHINHO
Pudim caramelo

JANTAR
Belisquetes de grão-de-bico e batata-doce com maionese de quinoa

CHÁ DA NOITE
Chá de orégano

Vitamina mágica verde

ingredientes

1 limão-taiti

½ xícara (chá) de espinafre escaldado em água fervente

para eliminar um pouco do ácido oxálico

½ pera

10 folhas de hortelã

3 ramos de salsinha

200 ml de água de coco

1 colher (café) de canela em pó

1 rodela de gengibre fresco

do tamanho da moeda de 1 real

1 colher (chá) de melado de cana

modo de fazer

Bata tudo no liquidificador. Se desejar uma absorção mais rápida, coe antes de beber.

Queijo de castanhas e tofu

tempo de demolho **8 horas (para a castanha-de-caju)**

tempo de preparo **15 minutos** | tempo de geladeira **2 horas**

Prepare esse queijo no dia anterior, pois ele vai ficando mais gostoso com o tempo. Ele dura uma semana na geladeira. E lembre-se: coma com moderação!

ingredientes

veja p. 31

1 xícara (chá) de castanha-de-caju crua demolhada

100 g de tofu orgânico firme

1 colher (sopa) de ágar-ágar*

1 colher (sopa) de azeite

2 colheres (sopa) de suco de limão

1 colher (sopa) de grãos de pimenta-rosa, mais algumas para decorar

1 colher (café) de pimenta-do-reino moída

1 colher (café) de sal rosa

alecrim, tomilho ou manjericão a gosto, para decorar

bolachinhas de arroz, para acompanhar

* O ágar-ágar só ativa acima de 80 ºC, por isso ele precisa ser diluído antes em água fervente até formar uma goma. Só depois deve ser adicionado à receita. Isso leva 30 segundos. Se não quiser colocar o ágar-ágar, não tem problema, o queijo apenas vai ficar mais pastoso.

modo de fazer

Depois do demolho, bata a castanha no processador ou liquidificador, sem água, até virar uma pastinha. Acrescente o tofu e os outros ingredientes. Despeje em uma tigela forrada com filme plástico e leve à geladeira por 2 horas.** Desenforme e decore com alecrim e pimenta-rosa. Sirva com bolachinhas de arroz.

** Esse queijo pode ser congelado depois de pronto!

Feijoadinha

tempo de demolho 48 horas (para o feijão)

tempo de preparo 40 minutos

Por causa do demolho, você não vai sentir nenhum desconforto, como a barriga pesada ou estufada.

ingredientes

veja p. 33 → 1 xícara (chá) de feijão-carioca ou preto

2 dentes de alho

½ cebola roxa picada

confie em mim! → uma pitada de canela em pó

1 colher (café) de sal

opcional → 1 folha de louro

½ xícara (chá) de brócolis

½ cenoura em cubinhos

50 g de tofu orgânico defumado

modo de fazer

Depois do demolho, coloque o feijão com o dobro de água na panela de pressão junto com o alho, a cebola, a canela e o sal.* Acrescente o louro, se desejar. Deixe cozinhar por 30 minutos. Acrescente os brócolis, a cenoura e o tofu e deixe cozinhar por mais 10 minutos.

* Não refogue nada em óleo, pois não é um procedimento saudável. Cozinhe tudo junto mesmo, como descrito.

veja a receita da farofa na página seguinte

Farofa de couve-flor e amaranto

ingredientes

1 xícara (chá) de couve-flor crua

2 colheres (sopa) de flocos de amaranto

noz-moscada a gosto

sal rosa a gosto

orégano a gosto

pimenta-do-reino a gosto

cúrcuma em pó a gosto

opcional 1 colher (chá) de óleo de coco

arroz integral, para acompanhar

modo de fazer

Bata a couve-flor crua no liquidificador. Acrescente os flocos de amaranto, noz-moscada, sal, orégano, pimenta-do-reino e cúrcuma e bata mais um pouco. Derreta o óleo de coco em uma frigideira, acrescente a mistura e mexa por alguns minutos até dourar bem. Sirva com a feijoadinha e, se quiser, com arroz integral.

lanchinho

Pudim caramelo

tempo de pré-preparo 10 minutos (para o leite de coco)
tempo de preparo 10 minutos

ingredientes

ou outro
leite vegetal,
veja p. 119

ou farelo
de aveia

opcional

1 colher (café) de óleo de coco
⅔ de xícara (chá) de leite de coco caseiro
2 colheres (sopa) de flocos de aveia sem glúten
1 colher (sopa) de açúcar de coco
raspas da casca de 1 laranja
uma pitada de cardamomo em pó
uvas-passas, para acompanhar
raspas de castanha, para acompanhar
nibs de cacau, para acompanhar

modo de fazer

Em uma panela pequena, em fogo baixo, derreta o óleo de coco. Adicione o leite, a aveia, o açúcar de coco, as raspas de laranja e o cardamomo. Misture e mexa até engrossar. Sirva quente ou frio. Se quiser, sirva com passas, raspas de castanha ou nibs de cacau.

Belisquetes de grão-de-bico e batata-doce com maionese de quinoa

tempo de demolho **48 horas** (para o grão-de-bico), **8 horas** (para a batata-doce)

tempo de pré-preparo **30 minutos** (para o grão-de-bico e para a batata-doce), **15 minutos** (para a quinoa)

tempo de preparo **30 minutos**

Além de o grão-de-bico ser uma ótima fonte de proteína, contém triptofano, a mesma substância presente no chocolate que estimula a produção de serotonina, gerando, assim, a sensação de bem-estar e felicidade. A linhaça também contém muita proteína, além dos ácidos graxos ômega 3, 6 e 9. Finalmente, a batata-doce possui índice glicêmico baixo (para não elevar a carga glicêmica, melhor cozinhar do que assar), sendo boa opção para consumir à noite.

ingredientes dos belisquetes

veja p. 33

1 xícara (chá) de grão-de-bico cozido

veja p. 31

1 xícara (chá) de batata-doce cozida e sem casca

2 colheres (sopa) de orégano

1 colher (sopa) de salsinha picada

2 colheres (sopa) de cebolinha picada

sal rosa a gosto

uma pitada de noz-moscada

raspas da casca de 1 limão

2 colheres (sopa) de farinha de linhaça dourada

modo de fazer os belisquetes

Preaqueça o forno a 200 °C. Com um garfo, amasse o grão-de-bico e a batata-doce em uma tigela. Acrescente o orégano, a salsinha, a cebolinha, sal, a noz-moscada e as raspas de limão. Molde a mistura em bolotas e passe na farinha de linhaça. Coloque em uma assadeira antiaderente média e leve ao forno por 20 minutos. Enquanto isso, prepare a maionese de quinoa.

ingredientes da maionese

1 xícara (chá) de quinoa cozida

4 colheres (sopa) de azeite

suco de ½ limão

1 colher (sopa) de vinagre de maçã

1 colher (chá) de mostarda de Dijon

1 colher (café) rasa de sal rosa

8 folhinhas de manjericão

modo de fazer a maionese

Bata tudo no liquidificador até a mistura ficar bem cremosa e lisinha.

chá da noite

Chá de orégano

rendimento **1 xícara**

ingredientes

folhas de orégano fresco ou
desidratado a gosto

modo de fazer

Em uma xícara com água quente, coloque as folhas de orégano
em infusão por 5 minutos. Coe e já pode tomar o chá!

Quinta-feira

DESJEJUM
Suco mágico amarelo

CAFÉ DA MANHÃ
Panqueca de banana com calda

ALMOÇO
Arroz cremoso de beterraba com couve crocante

LANCHINHO
Bolo de chocolate com calda

JANTAR
Quiche proteica com homus de abóbora

CHÁ DA NOITE
Chá de jabuticaba

Suco mágico amarelo

ingredientes

½ cenoura

1 maracujá, só a polpa

½ batata yacon

200 ml de água de coco natural

1 rodela de gengibre fresco

1 colher (chá) de canela em pó

10 folhas de hortelã

1 colher (café) de cúrcuma em pó

uma pitada de pimenta-do-reino

estévia a gosto

do tamanho da moeda de 1 real

modo de fazer

Bata tudo no liquidificador. Se desejar uma absorção mais rápida, coe.

desjejum

Panqueca de banana com calda

tempo de preparo 5 minutos

ingredientes

1 banana-prata

1 colher (chá) de farinha de linhaça

1 colher (chá) de flocos de amaranto

1 colher (chá) de farinha de arroz

1 colher (café) de óleo de coco

1 colher (chá) de canela em pó

1 colher (café) de melado de cana

modo de fazer a massa

Amasse ½ banana e acrescente todos os outros ingredientes. Misture bem. Despeje a massa em uma frigideira antiaderente já aquecida. Deixe 1 minuto no fogo, depois vire com cuidado e deixe mais 40 segundos.

modo de fazer a calda de banana

Corte a outra metade da banana em pedaços e leve à mesma frigideira com um fiozinho de água. Mexa e deixe reduzir por 1 minuto para caramelizar com a própria frutose da banana. Sirva com a panqueca.

Arroz cremoso de beterraba com couve crocante

tempo de demolho **2 horas (para o arroz integral)**
tempo de preparo **40 minutos**

ingredientes do arroz

½ xícara (chá) de arroz integral

2 dentes de alho picados

½ cebola roxa picada

sal rosa a gosto

½ beterraba média em cubinhos

1 colher (sopa) de orégano

pimenta-do-reino a gosto

modo de fazer o arroz

Deixe o arroz integral de molho por 2 horas. Cozinhe com o alho, a cebola roxa e sal em 2 xícaras (chá) de água por 25 minutos. Em seguida, acrescente a beterraba, o orégano e a pimenta-do-reino e cozinhe por mais 10 minutos. Enquanto cozinha, prepare o requeijão de tofu.

ingredientes do requeijão de tofu

80 g de tofu orgânico firme

½ beterraba média

1 colher (sopa) de azeite

um punhado de cebolinha picada

um punhado de salsinha picada

sal rosa a gosto

pimenta-do-reino a gosto

modo de fazer o requeijão de tofu

Bata o tofu, a beterraba crua, o azeite, 4 colheres (sopa) de água, a cebolinha e a salsinha até virar um creme lisinho. Tempere com sal e pimenta-do-reino, se achar necessário. Misture o creme de beterraba ao arroz pronto. Salpique de cebolinha e salsinha antes de servir.

2 folhas de couve

1 colher (café) de
óleo de coco

opcional → sal rosa a gosto

uma pitada de
açúcar de coco

Corte as folhas de couve bem fininhas. Se quiser, enrole as
folhas e corte com uma tesoura. Numa frigideira no fogo,
mexendo com uma espátula o tempo todo, derreta o óleo de
coco. Acrescente a couve, tempere com sal rosa e o açúcar
de coco. A couve vai reduzir. Continue mexendo até ela
deslizar facilmente no fundo da panela. Continue mexendo
por mais alguns segundos, desligue o fogo e sirva junto com
o arroz cremoso.

almoço

Bolo de chocolate com calda

tempo de pré-preparo 10 minutos (para o leite de coco),
30 minutos (para a Biomassa da 2ª opção de calda)
tempo de preparo 1 hora

Esse bolo vai fazer você repensar o que achava que sabia sobre bolos avassaladores...

ingredientes

2 colheres (sopa) bem cheias de farinha de arroz

1 colher (sopa) de farinha de amêndoa

1 colher (chá) de farinha de linhaça

1 colher (chá) de polvilho doce

2 colheres (sopa) de cacau em pó

2 colheres (sopa) de melado de cana

ou óleo de coco ← 1 colher (sopa) de azeite

1 colher (sopa) de vinagre de maçã

uma pitada de sal

½ xícara (chá) de água

1 colher (café) de bicarbonato de sódio + ½ colher (chá) de cremor de tártaro ← 1 ½ colher (chá) de fermento

modo de fazer

Em uma tigela, misture tudo muito bem e despeje numa fôrma de bolo individual. Preaqueça o forno a 180 ºC e asse o bolo por cerca de 40 minutos.

Calda de chocolate – opção I

ingredientes

50 g de chocolate amargo com 75% de cacau

½ xícara (chá) de leite de coco caseiro

1 colher (sopa) de açúcar de coco

veja p. 33 ou outro leite vegetal

modo de fazer

Em uma panela pequena, derreta o chocolate em banho-maria. Junte o leite de coco e o açúcar de coco. Mexa em fogo médio por 2 minutos.

Calda de chocolate – opção 2

ingredientes

veja p. 32 2 colheres (sopa) de Biomassa
2 colheres (sopa) de cacau em pó
1 colher (sopa) de açúcar de coco
1 colher (sopa) de melado de cana
veja p. 33 ½ xícara (chá) de leite de coco

modo de fazer

Em uma panela pequena, misture tudo e leve ao fogo por 2 minutos, mexendo sempre.

Quiche proteica com homus de abóbora

tempo de pré-preparo 40 minutos (para a abóbora)
tempo de preparo 30 minutos

ingredientes da massa

2 colheres (sopa) de farinha de linhaça

2 colheres (sopa) de farinha de amêndoa

1 colher (sopa) de azeite

½ colher (café) de sal rosa

3 colheres (sopa) de água

modo de fazer a massa

Preaqueça o forno a 200 ºC. Coloque todos os ingredientes em uma tigela e misture com as mãos. A massa deve ficar igual a massinha de modelar. Aperte a massa contra as laterais e o fundo de uma fôrma de quiche individual, de fundo removível. Leve ao forno por 20 minutos. Enquanto isso, prepare o recheio.

ingredientes do homus

1 xícara (chá) de abóbora cabotiá assada, sem casca e sem semente

1 colher (sopa) de tahine

1 colher (sopa) de azeite

1 colher (sopa) de orégano

uma pitada de pimenta-do-reino

1 colher (café) de cúrcuma em pó

uma pitada de noz-moscada

cebolinha picada a gosto

muita! ← salsinha picada a gosto

modo de fazer o homus

Bata todos os ingredientes no liquidificador até obter um creme bem lisinho. Se a abóbora estiver muito seca, adicione um pouquinho de água para bater e formar um creme bem grosso. | Depois que a massa assar, espere esfriar, retire com cuidado da forminha e recheie com o homus.

Chá de jabuticaba

rendimento **1 xícara**

ingredientes

folhas de jabuticabeira ou
as cascas da jabuticaba

modo de fazer

Em uma xícara com água quente, coloque as folhas ou as
cascas em infusão por 5 minutos. Coe e já pode tomar o chá!

chá da noite

Sexta-feira

DESJEJUM
Suco mágico restaurador

CAFÉ DA MANHÃ
Overnight

ALMOÇO
Bolinhos de quinoa e shimeji

LANCHINHO
Sorvete de banana com cocadinha

JANTAR
Sopa de abóbora com laranja

CHÁ DA NOITE
Chá de flor de camomila com raspinhas de limão

Suco mágico restaurador

ingredientes

ou avocado

1 limão-taiti
2 colheres (sopa) de abacate
10 folhinhas de hortelã
estévia a gosto
200 ml de água mineral

ou 1 colher (sopa) de melado de cana ou açúcar de coco

ou água de coco

modo de fazer

Bata tudo no liquidificador e sirva.

desjejum

Overnight

tempo de preparo **5 minutos** | tempo de geladeira **8 horas**

Prepare esta delícia na noite anterior. Ela vai fazer você levantar da cama rapidinho só de saber o que o está esperando na geladeira...

ingredientes

18 g de proteína em 100 g

23 g de proteína em 100 g

sem glúten 5 g de proteína em 100 g

ou melado de cana

2 colheres (sopa) de chia
1 colher (sopa) de flocos de amaranto
1 colher (sopa) de aveia
1 colher (sopa) de açúcar de coco
1 colher (chá) de canela em pó
1 colher (café) de óleo de coco
1 xícara (chá) de leite vegetal

modo de fazer

Misture tudo em um copo ou tigelinha e deixe na geladeira por 8 horas. O ideal é preparar na noite anterior para tomar no café da manhã ou para levar ao trabalho como um lanchinho. Coma com as frutas que quiser.

Bolinhos de quinoa e shimeji

tempo de preparo **1 hora**

Muito práticos, esses bolinhos podem ser levados na marmita para o trabalho e vão ficar te atormentando até a hora de comer...

ingredientes

½ cebola roxa picada

2 dentes de alho picados

óleo, para refogar

1 xícara (chá) de quinoa crua

sal rosa a gosto

50 g de shimeji

1 colher (café) de óleo de coco

sal a gosto

1 tomate picado

1 colher (sopa) de farinha de arroz

3 colheres (sopa) de farinha de linhaça dourada, 1 para a massa e 2 para empanar

2 colheres (sopa) de orégano

salsinha picada a gosto

cebolinha picada a gosto

pimenta-do-reino a gosto ——→ muita!

modo de fazer

Em uma panela, refogue a cebola e o alho em óleo. Acrescente a quinoa, sal e 2 xícaras (chá) de água. Cozinhe por cerca de 20 minutos. Enquanto isso, prepare o shimeji. Lave o shimeji brevemente em água corrente e com a ajuda de uma escovinha. Derreta o óleo de coco em uma panela e salteie o shimeji nele com sal por 2 minutos. Pique e reserve. | Preaqueça o forno a 200 ºC. Depois de pronta a quinoa, acrescente o tomate, o shimeji, a farinha de arroz, a farinha de linhaça, o orégano, cebolinha e salsinha. Misture até formar uma massa. Molde em bolotas e passe na farinha de linhaça. Leve ao forno por 20 minutos. Sirva com a Maionese de tofu.*

*Sabe o requeijão de tofu da p. 84? Adicione 1 colher (sopa) de limão e 1 colher (sopa) de vinagre de maçã e ele vira maionese. Rá! :)

Sorvete de banana com cocadinha

tempo de pré-preparo 10 minutos (para o resíduo do leite de coco), 8 horas (para a banana-prata) | tempo de preparo 20 minutos

ingredientes da cocadinha

veja p. 33

8 colheres (sopa) de leite de coco

½ xícara (chá) de resíduo do leite de coco

1 colher (sopa) de açúcar de coco

1 colher (chá) de óleo de coco

modo de fazer a cocadinha

Em uma panela pequena, leve todos os ingredientes ao fogo, mexendo sempre até reduzir e secar. Sirva quente com o sorvete ou coloque para gelar antes de servir.

ingredientes para o sorvete

1 banana-prata congelada e sem a casca

1 colher (sopa) de melado de cana

2 colheres (sopa) de leite de coco

ou outro leite vegetal, veja p. 119

modo de fazer o sorvete

Bata todos os ingredientes no liquidificador. No início, você vai achar que não vai bater. Não coloque mais leite nem água. Ajeite com uma espátula e bata de novo. Faça isso até virar um creme grosso e lisinho. Sirva imediatamente com a cocadinha.

Sopa de abóbora com laranja

tempo de pré-preparo 40 minutos (para a abóbora), 30 minutos (para a Biomassa)
10 minutos (para o leite de coco) | tempo de preparo 50 minutos

Mais fácil do que isso, só se abrir a torneira e sair pronto!

ingredientes

½ cebola roxa

1 ½ xícara de abóbora assada, sem casca e sem semente

suco de ½ laranja

sal rosa a gosto

1 colher (sopa) de azeite

orégano a gosto

cebolinha a gosto

salsinha a gosto

opcional, veja p. 32 → 1 colher (sopa) de Biomassa

4 colheres (sopa) de leite de coco

opcional, veja p. 33

modo de fazer

Primeiro escalde a cebola em água fervente por 3 minutos para eliminar a acidez. No liquidificador, bata bem a abóbora, o suco de laranja, o sal rosa, o azeite, orégano, a cebola, cebolinha e salsinha e 1 ½ xícara (chá) de água quente. A sopa deve ficar bem lisinha e cremosa. Se quiser, acrescente ainda a Biomassa e o leite de coco, ou os dois, para dar mais cremosidade.

jantar

chá da noite

Chá de flor de camomila com raspinhas de limão

rendimento **1 xícara**

ingredientes

flor de camomila fresca a gosto

raspas da casca de 1 limão-taiti a gosto

cuidado para não chegar na parte branca!

modo de fazer

Em uma xícara com água quente, coloque a camomila e as raspas de limão em infusão por 5 minutos. Coe e já pode tomar o chá!

Sábado

DESJEJUM
Vitamina mágica pink

CAFÉ DA MANHÃ
Pão proteico de quinoa com pastinha de tahine e melado de cana

ALMOÇO
Ceviche de coco
Moqueca de caju

LANCHINHO
Creme de chocolate

demolho

JANTAR
Hambúrguer de feijão e quinoa

CHÁ DA NOITE
Chá de casca de maçã com alecrim

Vitamina mágica pink

ingredientes

⅓ de beterraba pequena cozida

1 rodela de gengibre fresco

1 colher (café) canela em pó

alecrim fresco a gosto

⅓ de maçã

estévia a gosto

200 ml de água de coco

1 colher (sopa) de tofu orgânico, macio ou firme

do tamanho da moeda de 1 real

modo de fazer

Bata todos os ingredientes, exceto o tofu, no liquidificador. Coe. Misture o tofu e bata bem. Sirva — você vai se surpreender!

Pão proteico de quinoa com pastinha de tahine e melado de cana

tempo de preparo **1 hora e 20 minutos**

O ingrediente principal desse pão é o amor. Fazer pão é mágico, mas precisa de amor. E o queijo do café da manhã de quarta-feira (veja p. 72) ainda pode entrar como acompanhamento! Mas lembre-se: coma com moderação!

café da manhã

1 xícara (chá) de
quinoa em flocos

1 xícara (chá) de
farinha de arroz

2 colheres (sopa)
de psyllium

1 colher (sopa) de
farinha de linhaça

1 colher (chá) de
polvilho doce

1 colher (sopa) de chia

1 colher (sopa) de
vinagre de maçã

1 colher (café) de
bicarbonato de sódio

1 colher (chá) de
cremor de tártaro

1 colher (café) de
melado de cana

1 colher (chá) rasa
de sal rosa

*pode substituir
o bicarbonato de
sódio e o cremor de
tártaro por 1 colher
(chá) de fermento
químico*

Preaqueça o forno a 180 ºC. Coloque todos os ingredientes em uma tigela e misture tudo com uma colher. Em seguida, continue misturando, mas agora com as mãos. A massa do pão deve ficar úmida, mas não muito pegajosa, ficando consistente e úmida ao mesmo tempo, sem rachar. O psyllium, por ser uma fibra, vai começar a sugar a água; e a linhaça e a chia, a soltarem o gel. Esse processo leva de 5 a 10 minutos. Então, massageie o pão e vá sentindo a necessidade de acrescentar água ou não; isso vai depender muito da umidade do ambiente local: quanto mais seco o ambiente, mais vai precisar de água. Você deve conseguir moldar a massa com as mãos.* | A massa do pão já está finalizada, mas você pode decidir se quer potencializar ainda mais seus nutrientes e sabores. Para isso, acrescente alecrim, cúrcuma em pó e pimenta-do-reino moída, canela em pó, orégano ou o que mais quiser. Crie seu pão! | Molde a massa em formato oval e coloque-a em uma assadeira antiaderente. Ou, se desejar, também pode colocar em uma fôrma pequena de pão. Depois de dar seu toque especial e moldá-lo, leve o pão ao forno por 50 minutos. Se quiser, pode congelar o pão depois de frio.

* Pão sem glúten não precisa ser sovado, basta integrar os ingredientes, por isso, massageie com carinho.

1 colher (sopa) de melado de cana

1 colher (sopa) de tahine

Em uma tigela pequena, misture o melado e o tahine com uma colher. Está pronta!

Ceviche de coco entrada

Eu nunca comi peixe, por isso não tenho referência do sabor do ceviche. Mas todos dizem que fica igual... Então, deve ficar bem melhor! Afinal, neste só tem amor.

ingredientes

⅓ de pimentão verde

½ pimentão vermelho

½ cebola roxa

polpa fresca de
2 cocos verdes

sal rosa a gosto

uma pitada de
pimenta-do-reino moída

suco de limão a gosto

azeite a gosto

modo de fazer

Corte os pimentões e a cebola roxa em fatias fininhas. Escalde a cebola em água fervente por 3 minutos e depois passe na água gelada. Misture tudo à polpa do coco e tempere com sal, uma pitada de pimenta-do-reino, suco de limão e azeite. Deixe marinando por meia hora antes de devorar. Fica bom demais!

almoço

veja a receita
da moqueca
na página
seguinte

Moqueca de caju prato principal

tempo de demolho 8 horas (para a castanha-de-caju)
tempo de pré-preparo 10 minutos (para o leite de coco), 30 minutos (para a Biomassa),
40 minutos (para o Melhor molho de tomate do mundo) | **tempo de preparo** 1 hora

ingredientes

2 cajus frescos

1 colher (sopa) de
óleo de coco

2 dentes de alho picados

½ cebola roxa em
fatias finas

½ pimentão vermelho
pequeno em fatias finas

½ pimentão amarelo
pequeno em fatias finas

1 xícara (chá) do
Melhor molho de
tomate do mundo

veja p. 54

sal rosa a gosto

cebolinha a gosto

salsinha a gosto

coentro a gosto

orégano a gosto

pimenta-do-reino
moída a gosto

veja p. 33

⅓ de xícara (chá) de
leite de coco

Biomassa

*opcional,
veja p. 32*

1 colher (sopa) de
azeite de dendê

1 colher (sopa) de
castanha-de-caju
demolhada e picada

veja p. 31

modo de fazer

Corte o caju em fatias longitudinais. Aperte as fatias
suavemente entre duas folhas de papel-toalha para eliminar
um pouco da água do caju. Em uma panela de ferro para
moqueca (se não tiver, use uma comum), derreta o óleo de
coco e acrescente o alho, a cebola e os pimentões. Refogue
por 2 minutos. Adicione o Melhor molho de tomate do
mundo, as fatias de caju e os temperos mágicos: sal rosa,
cebolinha, salsinha, coentro, orégano e pimenta-do-reino.
Capriche nos temperos, pois a moqueca precisa ter emoção!
Deixe cozinhar por cerca de 20 minutos. Adicione o leite
de coco, a Biomassa e o dendê. Mexa e desligue o fogo.
Deixe descansar na panela tampada por mais 15 minutos.
Salpique-a de castanha-de-caju picada e sirva.

Creme de chocolate

Ele fica muito parecido com as sobremesas lácteas que encontramos no supermercado, só que sem leite de vaca!

ingredientes

veja p. 33 ou use 1 colher (sopa) de óleo de coco ou 1 colher (sopa) de gordura do coco

40 g de chocolate amargo com 75% de cacau

½ abacate congelado, sem casca e sem caroço

1 colher (sopa) de açúcar de coco

2 colheres (sopa) de melado de cana

2 colheres (sopa) de cacau em pó

2 colheres (sopa) de leite de coco bem grosso

nibs de cacau a gosto

opcional

modo de fazer

Primeiro, derreta o chocolate em banho-maria. Depois, bata todos os outros ingredientes no liquidificador. Se quiser, antes de servir, acrescente nibs de cacau.

lanchinho

Hambúrguer de feijão e quinoa

tempo de demolho **48 horas (para o feijão), 8 horas (para a castanha-de-caju)**

tempo de pré-preparo **30 minutos (para o feijão e para a quinoa)**

tempo de preparo **40 minutos**

ingredientes

4 colheres (sopa) de feijão cozido e sem o caldo

preto, carioca ou branco, veja p. 33

2 colheres (sopa) de quinoa cozida

sal rosa a gosto

1 colher (sopa) de salsinha picada

1 colher (sopa) de cebolinha picada

uma pitada de noz-moscada

1 colher (sopa) de orégano

2 colheres (sopa) de sementes de linhaça

2 colheres (sopa) de farinha de linhaça

1 colher (sopa) de castanha-do-pará ou de caju demolhada e picada

opcional, veja p. 31

modo de fazer

Preaqueça o forno a 200 °C. Depois que o feijão estiver demolhado e cozido (pode cozinhar com alho e cebola normalmente), amasse com um garfo 4 colheres (sopa) dele sem o caldo. Misture com a quinoa e amasse mais. Adicione todos os temperos, as sementes de linhaça hidratadas[*] e as castanhas, se for usar. A massa vai parecer bem molhada, mas o forno vai secá-la e deixar o hambúrguer consistente. Molde a massa no formato de hambúrguer, passe na farinha de linhaça e leve ao forno por uns 20 minutos.

[*] Misture as 2 colheres (sopa) de sementes de linhaça com 1/4 de xícara (chá) de água filtrada e espere 5 minutos para formar um gel.

Chá de casca de maçã com alecrim

rendimento 1 xícara

ingredientes

casca de ½ maçã

1 colher (sopa) de alecrim fresco ou desidratado

modo de fazer

Em uma xícara com água quente, deixe os ingredientes em infusão por 5 minutos. Coe e já pode tomar o chá!

chá da noite

Domingo

CAFÉ DA MANHÃ ESPECIAL
Chocolate batido mágico
Pãozinho do amor de abóbora na sanduicheira
Mandioqueijo

ALMOÇO
Nhoque de batata-doce com molho de castanhas e cogumelos

demolho

LANCHINHO
Torta de doce de leite de grão-de-bico

JANTAR
Pizza de quinoa com o Melhor molho de tomate do mundo

CHÁ DA NOITE
Chá de hortelã com laranja

Chocolate batido mágico

Aos domingos, muitas pessoas vão tomar café da manhã na padaria (pelo menos em São Paulo). Eu também ia. Pagava caro, comia mal e ficava inchada o resto do dia de tanto glúten e lactose que eu ingeria. Hoje, coloco uma música em casa e preparo um café da manhã caprichado. Gasto muito menos e ganho infinitamente mais!

ingredientes

½ xícara (chá) de gergelim

1 colher (sopa) de cacau em pó

1 colher (sopa) de melado de cana

uma pitada de canela em pó

1 colher (chá) de
óleo de coco

o gergelim possui, em média, 9 vezes mais cálcio que o leite de vaca e contém ainda magnésio, que faz o cálcio ser absorvido

modo de fazer

Na noite anterior, deixe o gergelim de molho. Na manhã seguinte, descarte a água do demolho e bata o gergelim com 200 ml de água. Coe.* Bata o restante dos ingredientes com o leite de gergelim.

* Com o resíduo, faça uma ricotinha: misture azeite, sal, pimenta-do-reino, cebolinha e orégano.

Pãozinho do amor de abóbora na sanduicheira

tempo de pré-preparo 40 minutos (para a abóbora)
tempo de preparo 20 minutos

ingredientes

4 colheres (sopa) de abóbora assada ou cozida
2 colheres (sopa) de polvilho doce
2 colheres (sopa) de polvilho azedo
1 colher (sopa) de flocos de amaranto
1 colher (sopa) de azeite
½ colher (café) de sal rosa
noz-moscada a gosto

mode de fazer

Amasse a abóbora e misture todos os ingredientes. A massa deve ficar igual a massinha de modelar, sem grudar nas mãos nem esfarelar. Molde em bolotas pequenas e leve à sanduicheira por cerca de 10 minutos.

as bolotas podem ser congeladas e depois levadas diretamente à sanduicheira

Mandioqueijo

tempo de pré-preparo 30 minutos (para a mandioca)
tempo de preparo 30 minutos | tempo de geladeira 1 hora

ingredientes

½ xícara (chá) de mandioca (aipim) cozida
5 colheres (sopa) de azeite
2 colheres (sopa) de polvilho azedo
1 colher (chá) de sal rosa
1 colher (café) de cúrcuma em pó
opcional 1 colher (sopa) de levedura nutricional
1 xícara (chá) de água fervente

mode de fazer

Bata tudo no liquidificador até virar um creme bem grosso. Leve à geladeira. Se quiser que fique mais duro, coloque menos água.

Nhoque de batata-doce com molho de castanhas e cogumelos

tempo de demolho **8 horas (para a batata-doce)** | tempo de preparo **40 minutos**

Esse nhoque é simples de fazer, leve e uma delícia.
Essa é uma massa que pode e deve ser provada!

almoço

veja p. 31

ingredientes do nhoque

1 xícara (chá) de batata-doce

2 colheres (sopa) rasas de farinha de arroz

1 colher (chá) de polvilho doce

sal rosa a gosto

modo de fazer o nhoque

Depois do demolho, cozinhe a batata-doce. Descasque e amasse. Misture a batata-doce, a farinha de arroz, o polvilho doce e sal. Faça bolotinhas em formato de nhoque. Enquanto isso, ferva 1 litro de água. Coloque o nhoque cru na água. Ele vai cozinhar rapidamente. Assim que boiar, retire com uma escumadeira ou peneira.

ou de castanha-de-caju, nozes, macadâmia ou amendoim

ingredientes do molho

1 colher (chá) de polvilho doce

1 xícara (chá) de leite de castanha-do-pará*

pimenta-rosa a gosto

50 g de cogumelos

1 colher (café) de óleo de coco

sal rosa a gosto

noz-moscada a gosto

shitake ou shimeji

* Para fazer o leite de castanha, bata 6 castanhas-do-pará ou ½ xícara (chá) de outra oleaginosa com 1 xícara (chá) de água no liquidificador por 2 minutos. Não precisa coar.

modo de fazer o molho

Dissolva o polvilho doce no leite de castanha. Adicione os temperos. Leve ao fogo mexendo sempre. O leite de castanha não deve ferver para não saturar seu óleo. O polvilho, em contato com o calor e o leite de castanha, vai agir rapidamente, formando uma goma. Então, mexa até engrossar, sem deixar ferver. Em uma frigideira, salteie os cogumelos no óleo de coco por 2 minutos e tempere com sal e noz-moscada. Sirva o nhoque com o molho, coberto pelos cogumelos.

Torta de doce de leite de grão-de-bico

tempo de preparo **30 minutos** | tempo de geladeira **2 horas**

Para a família toda virar vegana!

ingredientes da massa

2 colheres (sopa) de farinha de arroz

1 colher (sopa) de farinha de linhaça

1 colher (sopa) de amaranto em flocos

1 colher (sopa) de melado de cana

1 colher (sopa) de azeite

1 colher (sopa) de água

modo de fazer a massa

Preaqueça o forno a 200 ºC. Coloque todos os ingredientes em uma tigela e misture com as mãos. A massa deve ficar bem gostosa de trabalhar, como uma massa de modelar. Molde a massa em uma forminha individual de fundo removível (de 5 cm) untada com óleo de coco ou azeite, apertando com os dedos. Leve ao forno por 20 minutos. Espere esfriar e retire da fôrma com cuidado. Preencha com o recheio.

ingredientes do doce de leite

veja p. 33 ←— 1 xícara (chá) de grão-de-bico cozido bem molinho

3 colheres (sopa) de açúcar de coco

é o leite de coco bem grosso gelado, veja p. 33 ←— 2 colheres (sopa) de creme de coco *

* Uma forma de fazer o creme de coco é passar o coco seco na centrífuga sem acrescentar água.

modo de fazer o doce de leite

Bata todos os ingredientes no liquidificador ou no processador até virar um creme bem lisinho. Se quiser mais mole, acrescente um pouquinho de leite vegetal. Leve à geladeira enquanto espera a massa sair do forno. Enfeite com frutas, como mirtilo ou framboesa.

Pizza de quinoa com o Melhor molho de tomate do mundo

tempo de demolho 8 horas (para a quinoa, senão ela fica amarga, confie em mim)
tempo de pré-prepare 40 minutos (para o Melhor molho de tomate do mundo), 15 minutos (para o Queijo de castanhas e tofu)
tempo de geladeira 2 horas (para o Queijo de castanhas e tofu)
tempo de preparo 40 minutos

E tudo acaba em... pizza! E, neste caso, proteica, de baixo índice glicêmico e sem farinha! O ideal é já colocar a quinoa de molho na manhã do domingo.

essa pizza fica crocante por fora e macia por dentro

ingredientes da massa

ou azeite

1 xícara (chá) de quinoa crua

1 colher (sopa) de óleo de coco

1 colher (café) de sal

ou 1 colher (sopa) rasa de fermento comum

1 colher (café) de bicarbonato de sódio

1 colher (chá) de cremor de tártaro

ingredientes da cobertura

veja p. 54

1 receita do Melhor molho de tomate do mundo

½ abobrinha cortada em rodelas

veja p. 72

Queijo de castanhas e tofu

ou o que desejar para rechear a pizza

modo de fazer

Preaqueça o forno a 200 ºC. Bata no liquidificador a quinoa crua depois de tirar do demolho, ½ xícara (chá) de água nova, o óleo de coco, o sal e o bicarbonato de sódio mais o cremor de tártaro. Bata até formar uma massa homogênea. Derrame em uma assadeira redonda de 15 cm, forrada com papel-manteiga (acredite, você vai precisar dele). Leve ao forno e asse por 15 minutos. Depois, vire a massa e deixe por mais 5 minutos. Cubra com o Melhor molho de tomate do mundo, as abobrinhas e o Queijo de castanhas e tofu e leve ao forno por mais 5 minutos.

Chá de hortelã com laranja

rendimento **1 xícara**

ingredientes

10 folhas de hortelã

raspas da casca de
1 laranja a gosto

cuidado para não chegar na parte branca!

modo de fazer

Em uma xícara com água quente, deixe os ingredientes em infusão por 5 minutos. Coe e já pode tomar o chá!

chá da noite

Top hits

Estas são as receitas que eu amo e não poderia deixá-las de fora. Elas podem ser feitas em porções individuais ou você pode aumentar os ingredientes de maneira proporcional e compartilhar com sua família inteira e os amigos.

Fondue de queijo

tempo de preparo **1 hora**

ingredientes

2 xícaras (chá) de
mandioquinha

2 colheres (sopa) de
polvilho azedo

2 colheres (sopa) de
levedura nutricional

1 colher (chá) de
alho em pó

1 colher (chá) de
sal rosa

5 colheres (sopa) de azeite

⅓ de xícara (chá) de
vinho branco orgânico

8 colheres (sopa) de pasta
de castanha-de-caju

*escorra a castanha
demolhada e bata
bem no processador*

modo de fazer

Cozinhe a mandioquinha em 2 ½ xícaras (chá) de água
fervente por 30 a 40 minutos, até ficar molinha. Bata todos
os ingredientes, exceto a pasta de castanha, no liquidificador.
Bata bem até ficar um creme lisinho. Se quiser o fondue
mais fino, acrescente mais água até obter a consistência
desejada. Em uma panela pequena, leve a mistura ao fogo
para cozinhar por cerca de 3 minutos. O álcool vai evaporar e
deixar apenas o gostinho do vinho. Tire do fogo e acrescente
a pasta da castanha-de-caju. Sirva e morra de amor!

Nachos com pastinha de queijo

Tanto os nachos quanto a pastinha de queijo são muito proteicos e contêm pouco carboidrato.

ingredientes dos nachos

3 colheres (sopa) de farinha de grão-de-bico

3 colheres (sopa) de farinha de linhaça dourada

3 colheres (sopa) de amaranto em flocos

1 colher (chá) de cúrcuma em pó

½ colher (café) de pimenta-do-reino moída

1 colher (chá) de sal rosa

1 colher (café) de páprica

opcional

modo de fazer os nachos

Preaqueça o forno a 200 °C. Misture todos os ingredientes. Adicione 3 colheres (sopa) de água. Leve ⅓ da massa a uma frigideira antiaderente, alise, para ela ficar bem fininha como um crepe, e deixe no fogo médio por 2 minutos. Depois, vire e deixe por mais 1 minuto. Faça mais duas panquecas seguindo o mesmo procedimento. Use uma tesoura para cortar as panquecas em triângulos. Coloque em uma assadeira forrada com papel-manteiga — e leve ao forno por cerca de 20 minutos. Retire e deixe esfriar.

ingredientes da pastinha de queijo

veja p. 32

3 colheres (sopa) de Biomassa

100 g de tofu firme orgânico

⅓ de xícara (chá) de castanha-de-caju

veja p. 31

1 colher (sopa) de azeite

1 colher (café) de sal rosa

1 colher (sopa) de levedura nutricional

4 colheres (sopa) de água

modo de fazer a pastinha

Bata todos os ingredientes no liquidificador até formar um creme bem lisinho. Se sobrar, guarde em um pote fechado na geladeira por até 1 semana.

granola

ingredientes

½ xícara (chá) de
castanha-de-caju

½ xícara (chá) de amêndoa

1 ½ xícara (chá) de aveia

½ xícara (chá) de
sementes de girassol

½ xícara (chá) de
sementes de abóbora

3 colheres (sopa) de
óleo de coco

3 colheres (sopa) de
melado de cana

2 colheres (chá) de
canela em pó

40 g de uva-passa

40 g de cranberry

modo de fazer

Moa grosseiramente as castanhas-de-caju e as amêndoas no liquidificador. Em uma tigela, misture a aveia, as sementes de girassol e de abóbora. Em uma panela, coloque o óleo de coco, o melado de cana e a canela em pó e deixe derreter rapidamente até obter uma calda homogênea. Acrescente a mistura seca à calda e misture muito bem. Coloque em uma assadeira forrada com papel-manteiga, espalhando bem. Leve ao forno a 180 ºC por 30 a 40 minutos. De vez em quando, mexa para que tudo asse por igual. Retire do forno, deixe esfriar e acrescente a uva-passa e o cranberry. Guarde em um pote de vidro bem fechado, para não amolecer.

Sagu de framboesa e hortelã

ingredientes

1 xícara (chá) de sagu

½ xícara (chá) de folhas de hortelã, e mais um pouco para enfeitar

2 xícaras (chá) de framboesa

1 colher (sopa) de açúcar de coco

2 colheres (sopa) de extrato de estévia orgânica

1 colher (sopa) de suco de limão-cravo (ou siciliano)

modo de fazer

Em uma panela, cozinhe o sagu, a hortelã, metade das framboesas, o açúcar de coco e a estévia em 6 xícaras (chá) de água por 30 minutos. Mexa de vez em quando para não grudar no fundo da panela. Desligue o fogo e deixe esfriar. Quando estiver frio, acrescente o suco de limão, o restante das framboesas, misture e leve à geladeira por 1 hora. Sirva com folhinhas de hortelã frescas.

Sorvete de chocolate

tempo de pré-preparo 10 minutos (para o leite de coco), 1 hora (para a banana-prata), 25 minutos (para derreter o chocolate e deixar esfriar) | tempo de preparo 10 minutos

ingredientes

1 banana-prata congelada sem a casca

100 g de tofu orgânico

50 g de chocolate amargo (com 70% de cacau) derretido em banho-maria

4 colheres (sopa) de leite de coco bem grosso

veja p. 33

1 colher (café) de óleo de coco

1 colher (sopa) de cacau em pó

1 colher (chá) de melado de cana

1 colher (sopa) de açúcar de coco

modo de fazer

Bata tudo muito bem no liquidificador ou no processador. No início parece que não vai bater e dá vontade de colocar mais líquido. Não coloque. Ajeite tudo com uma espátula e bata novamente. Insista. Repita isso algumas vezes até começar a bater e virar um creme bem grosso. Sirva e devore!

Penne com cogumelos, alga e creme de "queijo"

tempo de preparo **15 minutos**

ingredientes

1 xícara (chá) de penne
sem glúten e sem ovos

opcional

sal a gosto

1 folha de alga nori

100 g de cogumelo eryngui

1 colher (café) de
óleo de coco

pimenta-do-reino
moída a gosto

uma pitada de
cúrcuma em pó

3 colheres (sopa) de
queijo vegetal

*como o Queijo
de castanhas e
tofu, veja p. 72 ou
o Mandioqueijo
veja p. 117*

modo de fazer

Cozinhe o penne em água abundante e sal. Essa massa cozinha 2 minutos mais rápido que a tradicional. Então, preste atenção para não deixá-la mole demais. Se for usar, enrole a folha da alga nori e corte em tirinhas. Quando a massa estiver quase ao ponto, adicione a alga e deixe cozinhar por 1 minuto. Escorra tudo. Enquanto a massa cozinha, corte os cogumelos em pedaços. Derreta o óleo de coco em uma panela pequena e acrescente os cogumelos. Tempere com sal, pimenta-do-reino a gosto e uma pitada de cúrcuma. Refogue por alguns minutos. Misture o queijo vegetal de sua escolha à massa quente junto com os cogumelos. O queijo vai derreter e virar um creme. Sirva bem quente.

Tartar de abacaxi com redução de balsâmico

tempo de preparo **25 minutos** | tempo para esfriar **30 minutos**

ingredientes

2 rodelas de abacaxi*

½ xícara (chá) de tomate-cereja

10 folhas de rúcula

sal rosa a gosto

pimenta-do-reino moída a gosto

cominho a gosto

canela em pó

1 colher (sopa) de azeite

½ xícara (chá) de vinagre balsâmico orgânico

* Não jogue a casca do abacaxi fora. Lave bem e ferva com água. Adoce, acrescente hortelã e você terá um suco maravilhoso!

modo de fazer

Corte o abacaxi e o tomate em pedacinhos. Rasgue a rúcula em pedaços menores. Misture os três em uma tigela. Tempere com sal rosa, pimenta-do-reino, cominho, uma pitada de canela em pó e o azeite. Em uma panela pequena, leve o vinagre balsâmico ao fogo e deixe reduzir a ¼ do volume. Desligue e deixe esfriar por 30 minutos. Misture a redução do balsâmico aos outros ingredientes. Forre uma tigela com filme plástico, derrame a mistura e amasse delicadamente para que os ingredientes fiquem bem concentrados. Aguarde cerca de 10 minutos e desenforme. Admire sua obra de arte, tire uma foto e devore com amor.

Salada de batata com maionese de coco verde

tempo de demolho 8 horas (para a batata-doce) | tempo de preparo 40 minutos
tempo para esfriar 30 minutos

Esta receita é para você levar aos almoços de família e arrasar! A maionese quase sempre sai de graça. Na feira onde tomo água de coco, peço para que me deem alguns cocos que jogarão fora. Eles vendem a água de coco em garrafas e descartam a fruta.

ingredientes da maionese de coco-verde

1 xícara (chá) da polpa do coco verde

2 colheres (sopa) de azeite

1 colher (café) de sal rosa

1 colher (sopa) de vinagre de maçã

2 colheres (sopa) de suco de limão-cravo

modo de fazer a maionese

Bata todos os ingredientes no liquidificador até obter um creme lisinho.

ingredientes da salada

veja p. 31

200 g de batata-doce

200 g de batata-inglesa

2 colheres (sopa) de sementes de girassol

folhas de hortelã a gosto

1 receita da maionese de coco-verde

modo de fazer a salada

Cozinhe as batatas e deixe esfriar. Descasque e corte em cubinhos. Acrescente as sementes de girassol, a hortelã picada e a maionese. Misture e sirva.*

* Não há necessidade de colocar a salada para gelar; ela pode ser servida assim que ficar pronta. Porém, se você preferir, pode gelar por cerca de 30 minutos.

Bolo de casca de banana

tempo de demolho 8 horas (para a castanha-de-caju)
tempo de pré-preparo 30 minutos (para a Biomassa) | tempo de preparo 45 minutos

ingredientes

veja p. 32 → 3 colheres (sopa) de Biomassa

3 cascas de banana

ou outro leite vegetal, veja p. 119 → 3 colheres (sopa) de leite de castanha-de-caju

5 colheres (sopa) de farinha de arroz

2 colheres (sopa) de azeite

1 colher (chá) de chia

1 colher (chá) de farinha de linhaça

1 colher (chá) de polvilho doce

3 colheres (sopa) de melado de cana

8 gotas de estévia

ou 1 colher (café) de cremor de tártaro + 1 colher (café) de bicarbonato de sódio → 1 colher (chá) de fermento

1 colher (sopa) de vinagre de maçã

especiarias em pó, como canela, cardamomo, noz-moscada, gengibre

modo de fazer

Preaqueça o forno a 200 ºC. Bata a Biomassa, as cascas de banana e o leite de castanha-de-caju no liquidificador. Derrame em uma tigela e misture bem os outros ingredientes. Despeje em 4 forminhas de muffin e leve ao forno por cerca de 35 minutos.

Chips de banana-verde com canela

tempo de preparo 30 minutos

veja p. 32

ingredientes

bananas verdes cozidas como para fazer a Biomassa
canela em pó a gosto
açúcar de coco a gosto
um fio de azeite

modo de fazer

Preaqueça o forno a 180 °C. Corte as bananas em fatias finas. Tempere com muita canela em pó, açúcar de coco e um fio de azeite. Misture delicadamente com as mãos. Disponha tudo em uma assadeira forrada com papel-manteiga e leve ao forno por cerca de 20 minutos. Deixe esfriar por 5 minutos; só então retire as bananas do papel-manteiga, com cuidado. Polvilhe com açúcar de coco e canela em pó novamente.

Dica

Esses chips podem ser feitos salgados. Apenas troque o açúcar e a canela por sal rosa e temperos como páprica, orégano, noz-moscada, pimenta-do-reino moída e o que mais sua imaginação desejar! E se estiver com pressa, também dá certo fazer com a banana crua!

Carpaccio de melancia

tempo de preparo **5 minutos**

Você vai ter que confiar em mim: fica espetacular! E pensar que melancia é feita de 90% de água...

ingredientes

melancia

sal rosa a gosto

pimenta-do-reino moída a gosto

uma pitada de cominho

um fio de azeite

modo de fazer

Corte várias fatias de melancia bem fininhas e disponha sobre um prato grande. Tempere com sal rosa, pimenta-do-reino, uma pitada de cominho e um fio de azeite. Sirva. Devore. Suspire.

Você vai querer comer muitas

Snack de sementes de melancia

tempo de preparo **15 minutos**

Não jogue nunca mais as sementes de melancia fora! Pense na quantidade de nutrientes que elas têm. E ainda por cima são gostosas demais!

ingredientes

1 xícara (chá) de
sementes de melancia

sal rosa a gosto

pimenta-do-reino
moída a gosto

cominho a gosto

opcional
azeite a gosto

shoyu* a gosto

* O shoyu saudável é aquele
sem caramelo e glutamato
monossódico. Existem marcas
disponíveis no mercado.

modo de fazer

Preaqueça o forno a 180 °C. Lave as sementes de melancia e tempere com sal rosa, pimenta-do-reino, cominho e azeite. Pode temperar também com shoyu. Coloque em uma assadeira forrada com papel-manteiga e leve ao forno por 10 a 15 minutos. Elas torram rapidamente, fique atento! Sirva como aperitivo ou como complemento ilustre de uma sopa ou salada.

ingredientes

1 litro de suco de 5 maçãs*

3 colheres (sopa) de
açúcar de coco

1 colher (sopa) de suco de
limão-siciliano

* Para fazer o suco de maçã, corte
as maçãs em pedaços e retire as
sementes. Cozinhe em 1 litro de
água por 15 minutos. Depois bata
tudo no liquidificador e coe.

modo fazer

Em uma panela, ferva o suco de maçã e o açúcar de coco por
10 minutos. Abaixe o fogo e deixe cozinhar por cerca de 50
minutos. A espécie de mel que se forma deve cobrir o dorso
de uma colher. Desligue o fogo. Enquanto estiver quente,
ainda estará líquido, mas não se preocupe, pois ele engrossa
ao esfriar. Depois de frio, adicione o suco de limão e misture.

Dica

Mantenha na geladeira e consuma em até 15 dias. Se
ficar muito grosso, esquente apenas por alguns minutos:
ele vai voltar a ficar mais líquido.

Musse de creme de avelã

tempo de demolho 8 horas (para o grão-de-bico)

tempo de pré-preparo 30 minutos (para o grão-de-bico)

tempo de preparo do merengue 10 minutos

tempo de preparo da musse 15 minutos

tempo de geladeira 2 horas

Nesta receita vamos usar aquela água que você jogaria fora: a água que sobra do cozimento do grão-de-bico — proteica e cheia de triptofano, a substância que ajuda a produzir serotonina e o deixa feliz.

ingredientes do merengue

veja p. 33

150 ml de água do cozimento do grão-de-bico, bem gosmentinha

batido no liquidificador até virar pó

1 colher (café) de cremor de tártaro

1 colher (chá) de goma guar

¾ de xícara (chá) de açúcar demerara pulverizado

1 colher (café) de extrato de baunilha

opcional

modo de fazer o merengue

Na batedeira na potência alta, bata a água com o cremor de tártaro até dobrar de volume. Junte a goma e continue batendo. Coloque a baunilha, depois o açúcar aos poucos até dar o ponto firme na colher.

ingredientes da musse

120 g de chocolate amargo com 70% de cacau

2 colheres (sopa) de açúcar de coco

1 colher (sopa) de óleo de coco

80 g de creme de avelã

opcional

⅓ de xícara (chá) de avelã picada

1 receita de merengue de aquafaba

veja acima

modo de fazer a musse

Em uma panela pequena, derreta o chocolate em banho-maria e depois adicione os outros ingredientes. Por último, incorpore suavemente e aos poucos ao merengue com uma espátula. Leve à geladeira por, pelo menos, 2 horas antes de servir.

Iogurte de macadâmia

(Com probióticos!)

tempo de fermentação **48 horas** | tempo de preparo **25 minutos**

ingredientes do leite de macadâmia

1 xícara (chá) de macadâmia*

* Se quiser, substitua a macadâmia por castanha-do-pará, amendoim, castanha-de-caju ou castanha de baru.

modo de fazer o leite de macadâmia

Bata a macadâmia com 3 xícaras (chá) de água no liquidificador por 2 minutos. Não precisa coar.

ingredientes do iogurte de macadâmia

ou 4 colheres (sopa) de vinagre de maçã

80 ml de água de kefir

250 ml de leite de macadâmia

1 colher (café) de goma guar

8 gotas de estévia líquida (ou a gosto)

2 colheres (sopa) de suco de limão

modo de fazer o iogurte de macadâmia

Misture a água de kefir ao leite de macadâmia e deixe fermentar por 48 horas fora da geladeira. Depois, bata no liquidificador as duas partes que se formaram com a goma guar, a estévia e o suco de limão. A goma guar vai começar a engrossar. Desligue o liquidificador quando atingir a consistência desejada.*

* Se quiser, bata com frutinhas, adoce com melado de cana, xilitol ou açúcar de coco.

Iogurte (Sem probióticos, mas com prebióticos!)

tempo de hidratação 4 horas (para as tâmaras)
tempo de pré-preparo 30 minutos (para a Biomassa)
tempo de preparo 5 minutos

veja p. 32

ingredientes

5 colheres (sopa) de Biomassa

ou de amendoim → 1 colher (sopa) de pasta de amêndoa

4 tâmaras hidratadas em água

ou 2 colheres (sopa) de açúcar de coco → 1 colher (sopa) de suco de limão-cravo

ou limão-siciliano

modo de fazer

Bata tudo no liquidificador
e está pronto!

Belezinhas

Sempre faço rituais naturais de beleza em casa. Aproveito feriados e fins de semana, coloco uma música na vitrola enquanto asso alguma receita cheirosa no forno e cuido da pele e do cabelo.

Pele, unha e cabelo normalmente refletem como está o organismo, suas deficiências e falta de nutrientes. Se algo não estiver bem, eles provavelmente também não vão estar. E agora que você já está cuidando da parte de dentro, vamos dar uma forcinha extra por fora. Mas, se algo não vai bem, consulte o seu dermatologista.

A pele é o maior órgão do corpo humano; é através dela que nos nutrimos − ou nos envenenamos. A indústria dos cosméticos usa ingredientes da natureza acrescidos de muitas substâncias prejudiciais para que tenham o aspecto, a textura, o perfume e a durabilidade desejados. Mas você pode ir direto à fonte e conseguir efeitos muito satisfatórios por um valor bem acessível e sem substâncias danosas. E, se fizer demais e sobrar, você come! Rá! A pia do meu banheiro é muito parecida com a da minha cozinha.

O óleo de coco serve para basicamente tudo; ele é anti-inflamatório, antioxidante, antibacteriano, antisséptico, cicatrizante, gostoso e cheiroso. Resumindo, se você precisar fugir para as montanhas e puder levar apenas uma coisa: leve óleo de coco. Saudade? Coração partido? Dor de cotovelo? Óleo de coco!

Desodorante

Esse desodorante aguenta até uma maratona. Eu gosto dele sem perfume, mas você pode acrescentar aroma e benefícios extras com gotinhas de óleos essenciais de alecrim ou lavanda. Ele não fica melado, pois a pele o absorve rapidamente. E, além de não suar, você também vai se nutrir através da pele!

ingredientes

4 colheres (sopa) de óleo de coco

2 colheres (chá) de bicarbonato de sódio

opcional — óleos essenciais de sua preferência

modo de fazer

Derreta o óleo de coco caso esteja sólido — abaixo de 25 ºC ele fica sólido — e misture ao bicarbonato de sódio. Adicione gotinhas de óleos essenciais, se desejar. Despeje em um vidrinho — cabe certinho em um de 40 g — e deixe esfriar.

Leave-in hidratante para o cabelo

O óleo de alecrim é muito eficaz para tratamentos do couro cabeludo, contra caspa e irritações.

ingredientes

2 colheres (sopa) de óleo de gergelim cru

10 gotas de óleo vegetal de alecrim

2 colheres (sopa) de óleo de coco

modo de fazer

Misture todos os ingredientes.

modo de usar

Passe nas pontas dos cabelos depois de secá-los. Antes de dormir, eu aplico um pouquinho pelos fios e faço um coque. Quando acordo, solto o cabelo e ele está brilhoso e hidratado.

Antifrizz e brilho para o cabelo

O vinagre de maçã tem tanto benefícios para a saúde quanto utilidades. É anti-inflamatório, antioxidante e tem mais de noventa nutrientes, além de pectina, betacaroteno e vitamina E. Tem o pH muito parecido com o da pele e do cabelo: levemente ácido. Quando o cabelo está mais ressecado e cheio de frizz, está mais alcalino, então, o vinagre vai selar as cutículas. O cabelo vai ficar muito brilhoso!

ingredientes

200 ml de água

2 colheres (sopa) de vinagre de maçã

modo de fazer

Misture todos os ingredientes.

modo de usar

Depois de lavar o cabelo normalmente com xampu e condicionador (de preferência naturais, orgânicos e sem sal), faça um último enxágue com a mistura. Você vai sentir o efeito imediatamente. Pode secar o cabelo com secador ou deixar secar naturalmente. A mistura pode ser usada em intervalos de 2 semanas.

Removedor de rímel

ingrediente

óleo de coco

modo de usar

Passe delicadamente um pouquinho de óleo de coco com um algodão nos olhos. Aproveite e massageie em volta dos olhos. Ele vai hidratar, evitar olheiras e suavizar marquinhas de expressão!

Pasta de dente

Uma boa escovação dos dentes já é quase suficiente. Essa pasta é apenas um complemento a ela. E também uma maneira de se nutrir pela mucosa da boca.

Essa pasta vai ficar mais líquida ou pastosa dependendo da temperatura ambiente. Não vai ficar branquinha, mas quem tem que ficar branco são seus dentes, não a pasta! O juá é excelente para a gengiva, além de clarear os dentes. Ele pode ser usado sozinho, mas aqui faz parte de uma receita que traz outros benefícios. O óleo essencial de melaleuca é uma cura natural para o mau hálito. Pode ser usado regularmente como um antisséptico bucal para resolver gengivite e placa bacteriana e para branquear os dentes.

ingredientes

2 colheres (sopa) de óleo de coco

½ colher (café) bem rasinha (2 mg) de bicarbonato de sódio

8 gotas de óleo essencial de cravo*

8 gotas de óleo essencial de menta

também chamada de tea tree, opcional
2 gotas de óleo essencial de melaleuca

opcional ← 1 colher (café) de raspas de juá

modo de fazer

Com uma colher, misture todos os ingredientes em uma tigela pequena e mantenha em um vidrinho fechado. O óleo de coco é um conservante natural.

* Se não tiver óleo essencial de cravo, faça um chá bem concentrado fervendo 10 cravos-da-índia em 150 ml de água por 5 minutos. Ele tem eugenol, um forte antisséptico muito usado antigamente pelos dentistas e está presente em vários produtos usados atualmente nos consultórios dentários.

Máscara para acne e oleosidade

Por causa da sua acidez, quando o vinagre de maçã é aplicado na pele os poros tendem a se fechar, reduzindo a oleosidade e suavizando a acne.

ingredientes

1 colher (sopa) de argila branca ou verde

2 colheres (sopa) de vinagre de maçã

modo de fazer

Misture a argila com o vinagre de maçã até formar uma pasta.

modo de usar

Aplique em todo o rosto. Essa máscara vai limpar os poros, desintoxicar a pele e suavizar marquinhas de acne e manchas. Deixe agir por 10 minutos e lave o rosto apenas com água.

Hidratante para pés ressecados

ingredientes

2 colheres (sopa) de abacate

1 colher (sopa) de óleo de gergelim cru

modo de fazer

Amasse o abacate e misture com o óleo de gergelim até virar uma pastinha homogênea.

modo de usar

Passe principalmente na sola dos pés e nos calcanhares. Vista uma meia velhinha e deixe agir por cerca de 15 minutos. Lave.

Tônico para a pele

Este é um tratamento marroquino que as noivas costumam fazer no dia do casamento para a pele ficar vistosa e bonita. Eu costumo fazer nos dias em que tenho uma festa ou evento.

ingredientes

¼ de xícara (chá) de água de rosas*

1 colher (café) de cúrcuma em pó

*Você pode comprar a água de rosas pronta ou fazer em casa: coloque duas pétalas de rosa (de preferência do jardim para não ter agrotóxicos) em ½ litro de água. Leve ao fogo e deixe ferver por cerca de 5 minutos. Deixe esfriar e acrescente 5 gotas de óleo essencial de rosas. Conserve na geladeira. Também pode ser usada como um pós-barba para acalmar a pele e impedir que os pelos encravem.

modo de fazer

Misture os dois ingredientes.

modo de usar

Passe a mistura na pele limpa. Deixe cerca de 10 minutos e lave no banho com água morna. Não se preocupe: sua pele não vai ficar amarela!

Máscara tônica para pele oleosa

Essa pastinha caseira vai manter a maciez da pele e regular sua oleosidade. A papaia também ajuda a clarear manchinhas de idade e de acne. O pepino é adstringente, ajuda na microcirculação da área do rosto e, por consequência, a desinchar. Além disso, elimina os resíduos dos poros, evitando cravos e espinhas.

ingredientes

½ mamão papaia
2 rodelas de pepino

modo de fazer

Bata os ingredientes no liquidificador.

modo de usar

Aplique a pasta na pele com a parte de dentro da casca da papaia, massageando. Deixe agir por 20 minutos e lave.

Máscara para pele seca e sensível

Vai restaurar a pele, aliviar marquinhas de expressão, desinflamar os poros, cicatrizar feridinhas e hidratar muito.

ingredientes

2 colheres (sopa) de abacate
1 colher (café) de óleo de coco

modo de fazer

Amasse bem o abacate e misture com o óleo de coco até virar um creme lisinho.

modo de usar

Aplique na pele limpa e deixe agir por 15 minutos. Depois lave.

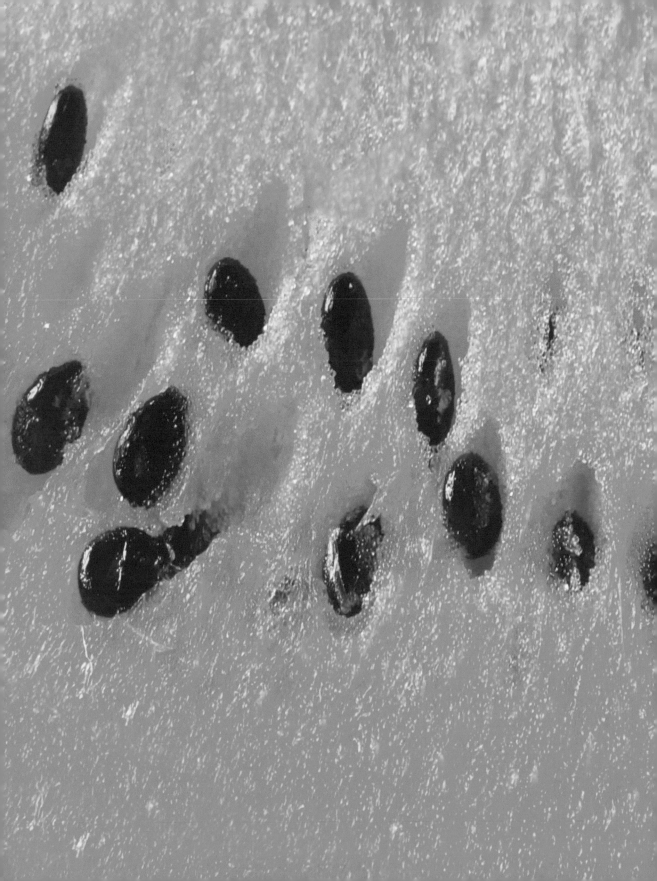

Limpeza ecológica e natural

Para limpar a casa de forma ecológica, você precisa apenas de alguns produtos naturais. Além de poupar o meio ambiente, você vai economizar muito e não vai prejudicar sua saúde ao entrar em contato com produtos tóxicos.

Existem muitas vantagens em usar "produtos" de limpeza naturais: são econômicos, fáceis de usar e de encontrar, ecológicos, funcionam e não são tóxicos.

Nossos antepassados usavam bicarbonato de sódio, suco de limão e vinagre de maçã para muitas funções.

Vinagre de maçã

Sou fã do vinagre de maçã, pois, além de trazer muitos benefícios à saúde e de ser ótimo como cosmético para a pele e o cabelo, é um produto que pode ser usado para limpar a maior parte da casa, sendo um perfeito desinfetante.

Caso o cheiro do vinagre o incomode, é possível acrescentar gotas de essência de menta ou limão, que também têm propriedades limpantes.

Algumas culturas dizem que o vinagre limpa bem mais que a superfície — ele também ajuda a eliminar as energias negativas do ambiente.

Vidros e janelas

Misture 2 colheres (sopa) de vinagre com 1 litro de água e coloque em uma garrafa com pulverizador. Borrife os vidros e, depois, limpe-os.

Panelas e assadeiras

Despeje um pouco de vinagre nas panelas e assadeiras. Deixe agir por cerca de 15 minutos; depois disso, conseguirá esfregá-las facilmente. Elas ficarão limpinhas e brilhantes.

Bicarbonato de sódio

O bicarbonato de sódio é um produto incrível para a saúde, beleza e limpeza da casa. Não só ajuda a clarear os dentes como é, assim como o vinagre, um ótimo limpador e desinfetante. Em muitos casos, podemos usá-los juntos.

Banheiro e azulejos

Aplique o bicarbonato diretamente em um pano ou esponja e esfregue tanto as louças do banheiro como todos os tipos de azulejos. A seguir, limpe o local com água e seque.

Roupas

O bicarbonato de sódio é ótimo para lavar roupas: ele amacia, elimina odores e tira manchas, principalmente as de gordura.

Para deixar a roupa de molho em um balde, use 1 xícara (chá) de bicarbonato de sódio para cada 4 litros de água.

Para lavar a roupa na máquina,* inicie o ciclo de lavagem, adicione o sabão de costume, deixe a máquina encher de água por completo e despeje ½ copo (100 ml) de bicarbonato de sódio sobre a água em que as roupas já estão mergulhadas.

Use 50 ml de vinagre de maçã se quiser potencializar a ação desodorizante do bicarbonato de sódio. E ainda, se quiser tirar chei-

ro de mofo, lave com água quente. Termine o ciclo de lavagem normalmente.

Limão

O limão é um excelente purificador do organismo e pode fazer o mesmo pela nossa casa.

Banheiro

O suco de limão pode ser usado para limpar o banheiro todo. Ele desinfeta, purifica e elimina odores.

Misture 1 colher (sopa) de suco de limão para cada 200 ml de água. Coloque a mistura em um borrifador para aplicá-la na louça e nos azulejos.

Clarear a roupa

Ao lavar roupa branca, adicione um pouco de suco de limão na lavagem e recupere o branco original sem estragar as peças.

Adicione 1 colher (sopa) de suco de limão-taiti para cada litro de água do processo de lavagem.

* Só funciona com máquinas com abertura superior.

AGOSTINI, Juliana da Silva & IDA, Elza Iouko. "Efeito das condições de germinação de girassol na redução do teor de fitato e ativação de fitase e fosfatase ácida". *Ciências Agrárias*, Londrina, vol. 27, nº 1, pp. 61-70, 2006.

COELHO, Cileide Maria Medeiros et alii. "Seed phytate content and phosphorus uptake and distribution in dry bean genotypes". *Brazilian Journal of Plant Physiology*, Londrina, vol. 14, nº 1, pp. 51-8, 2002. Disponível em <http://www.scielo.br/scielo.php?script=sci_arttext&pid=S1677-04202002000100007&lng=en&nrm=iso&tlng=em>. Acesso em: 8 jul. 2016.

DAVILA, Marbelly A.; SANGRONIS, Elba & GRANITO, Marisela. "Leguminosas germinadas o fermentadas: alimentos o ingredientes de alimentos funcionales". *Archivos Latinoamericanos de Nutrición*, Caracas, vol. 53, nº 4, pp. 348-54, 2003. Disponível em <http://www.scielo.org.ve/scielo.php?pid=S0004-06222003000400003&script=sci_arttext&tlng=pt>. Acesso em: 8 jul. 2016.

DAWSON, Adele G. *O poder das ervas*. São Paulo, Best Seller, 1991.

GRIEVE, Margaret. *A modern herbal*. Newburyport, Dover Publications, 2013.

LAINETTI, Ricardo & BRITO, Nei R. S. de. *A saúde pelas plantas e ervas do mundo inteiro*. Rio de Janeiro, Ediouro, 1980.

MECHI, Rodrigo; CANIATTI-BRAZACA, Solange G. & ARTHUR, Valter. "Avaliação química, nutricional e fatores antinutricionais do feijão-preto (*Phaseolus vulgaris L.*) irradiado". *Ciência e Tecnologia de Alimentos*, Campinas, vol. 25, nº 1, pp. 109-14, 2005. Disponível em <http://www.scielo.br/pdf/%0D/cta/v25n1/a17v25n1.pdf>. Acesso em: 8 jul. 2016.

OLIVEIRA, Admar Costa de et alii. "O processamento doméstico do feijão-comum ocasionou uma redução nos fatores antinutricionais fitatos e taninos, no teor de amido e em fatores de flatulência rafinose, estaquiose e verbascose". *Archivos Latinoamericanos de Nutrición*, Caracas, vol. 51, nº 3, pp. 276-83, 2001.

SILVA, Mara Reis & SILVA, Maria Aparecida Azevedo Pereira da. "Aspectos nutricionais de fitatos e taninos". *Revista de Nutrição*, Campinas, vol. 12, nº 1, pp. 21-32, 1999.

SIQUEIRA, Egle Machado de Almeida; MENDES, Juliana Frossard Ribeiro & ARRU-DA, Sandra Fernandes. "Biodisponibilidade de minerais em refeições vegetarianas e oní-voras servidas em restaurante universitário". *Revista de Nutrição*, Campinas, vol. 20, nº 3, pp. 229-37, 2007. Disponível em <http://www.scielo.br/scielo.php?script=sci_arttext&pid=S1415-52732007000300001&tlng=en&lng=en&nrm=iso>. Acesso em: 8 jul. 2016.

SOCIEDADE VEGETARIANA BRASILEIRA. *Ferro e vegetarianismo*. Disponível em <http://www.svb.org.br/folhetos/jpg/Folder%20_Ferro.jpg>. Acesso em: 8 jul. 2016.

Texto fixado conforme as regras do Acordo Ortográfico da Língua Portuguesa (Decreto Legislativo nº 54, de 1995).

Diretor executivo **Mauro Palermo**
Editora responsável **Camila Werner**
Editor assistente **Lucas de Sena Lima**
Editor digital **Erick Santos Cardoso**
Consultora nutricional **Paula Gandin**
Preparação de texto **Camile Mendrot (AbAeterno)**
Revisão **Nana Rodrigues e Andréa Bruno**
Capa e projeto gráfico **Gisele Baptista de Oliveira**
Fotos (capa e páginas 2, 22 e 152) **Renato Parada**
Fotos (receitas) **Cacá Bratke**
Foto (p. 16) **Beta Recoder**
Produção **Ellen Annora**
Ilustrações **Freepik.com**

CIP-BRASIL. CATALOGAÇÃO NA PUBLICAÇÃO
SINDICATO NACIONAL DOS EDITORES DE LIVROS, RJ

R79d

Rox, Alana
Diário de uma vegana / Alana Rox. - 1. ed. - São Paulo:
Globo Livros, 2016.
il.

ISBN 978-85-250-6360-1

1. Culinária vegana - Receitas. 2. Culinária - Receitas. I. Título.

| 16-35477 | CDD: 641.5636 |
| | CDU: 641.56 |

1ª edição, 2016 - 6ª reimpressão, 2020

Editora Globo S.A.
Rua Marquês de Pombal, 25
Rio de Janeiro — RJ — 20230-240
www.globolivros.com.br

Para a produção das fotografias deste livro, além do acervo da autora foram utilizados utensílios das lojas Casa Canela, Ideia Única, Contudo Decor, Valencien, Ateliê 2 de Paus, Atelier Paula Almeida, Blue Gardenia, Oxford Porcelanas, Marqueterie, Villa Pano, Roupa de Mesa e Studio Heloisa Galvão. Agradecemos a cada uma delas pela gentileza e pelo brilho que deram às receitas.

CPSIA information can be obtained
at www.ICGtesting.com
Printed in the USA
LVHW071215060921
697096LV00003B/18